어린이를 위한 뇌과학 프로젝트

기획 **정재승** | 글 **정재은** | 그림 **김현민** | 심리학 자문 **이고은**

아울북

차례

펴내는 글 **6**
　<인간 탐구 보고서>를 시작하며
등장인물 소개 **12**
프롤로그 **14**
　외계인 보스의 선택
에필로그 **134**
　지구를 정복할 냐냐 특공대
16권 미리보기 **139**
특별판 특대호 **142**

1 갈치의 가출 ·········· **28**
　비교는 못 참는 지구인들

2 나도 내 마음이 왜 이러는지 몰라 ······· **44**
　이랬다가 저랬다가 흔들리는 감정
　보고서 82 감정이 들쑥날쑥한 사춘기 지구인들

3 뒷담화 하는 친구, 나쁜 친구 ·········· **59**
　지구인의 말은 양면의 칼날
　보고서 83 지구인은 서로 어울리고 싶어 한다

4 갈치, 독립을 선언하다 ·············· 75
　　지구인은 언제까지 어린이일까?
　　　보고서 84　사춘기 지구인에게는 가족이 필요하다

5 도로 위의 영웅, 생선파 ·············· 89
　　정의감에 불타는 지구인들
　　　보고서 85　비범한 지구인은 존재한다

6 모둠 활동에서 살아남기 ·············· 103
　　사춘기는 성장 중
　　　보고서 86　지구인들의 장래 희망 찾기

7 예측 불허 사춘기 ·············· 123

펴내는 글

〈인간 탐구 보고서〉를 시작하며

다시 새로운 모험이 시작되었네요

아우레 행성에서 온 지구 탐사대 라후드 일당이 인간들을 만나 좌충우돌 우여곡절을 겪으면서 인간을 이해해 가는 모험담이 10권으로 마무리되었고, 이제 새로운 모험이 시작되었습니다. 지금까지 '인간 탐구 보고서'를 아껴 주신 모든 분께 진심으로 감사드립니다. 그리고 새로운 모험을 설레는 마음으로 지켜봐 주실 어린 독자 여러분께 다시 한번 감사드립니다.

지구에 남은 라후드와 오로라 그리고 지구를 독차지하려는 루나에겐 앞으로 어떤 일들이 펼쳐질까요? 아우레로 돌아간 외계인들과 지구인을 우리는 앞으로 영영 보지 못하는 것일까요? 주름을 펴기 위해 샤포이 행성을 찾아 떠난 보스가 어떤 모습이 되었을지 무척 궁금한데, 우리는 다시 그를 볼 수 있을까요? 앞으로 10권 동안 진행될 시즌 2에서는 훨씬 더 흥미로운 모험담이 기다리고 있으니 즐겨 주시길 바랍니다.

청소년들에게 '호모 사피엔스 뇌의 경이로움'을 일깨워 주었으면

저는 여전히 어린이와 청소년들이 반드시 알아야 할 학문이 있다면, 그것은 '우리들에 대한 과학'이어야 한다고 생각합니다. 우리 인간이 왜 이렇게 행동하고 생각하는지 '마음의 과학'을 일러 주어야 한다고 말입니다. 어린 시절 우리가 무척 궁금해하고 고민하는 대부분의 것들은 바로 나와 가족, 친구들 그리고 이웃들의 마음에서 비롯된 것들이니까요.

'인간 탐구 보고서'를 통해 여러분들은 외모에 지나치게 신경 쓰고, 무언가를 자주 잊어버리고, 하루에도 몇 번씩 감정의 롤러코스터를 타며, 사춘기의 열병을 앓았던 인간 친구들의 모습을 보았습니다. 엉망진창의 선택을 하고 불안한 마음 때문에 미신인 줄 알면서도 믿고 심지어 거짓말도 곧잘 하는 인간의 모습도 배웠습니다. 라후드 같은 외계인들의 관점에서 바라보니, 인간들은 정말 이해하기 힘든 동물이었지요?

어린이들에게 마음의 과학을

'인간 탐구 보고서'를 통해 여러분들은 '마음을 탐구하는 학문'인 뇌과학과 심리학을 조금씩 배우고 있습니다. 지난 150년간 신경과학자들과 심리학자들은 '인간 뇌가 어떻게 작동하여 마음이란 걸 만들어 내는지' 꽤 많은 걸 밝혀냈는데, 이 책은 여러분들이 이해할 수 있는 언어로 과학자들이 밝혀낸 '인간 마음에 대한 모든 것'을 들려 드리기 위해 썼습니다. 이 책을 통해 나는 누구이며, 우리는 어떤 존재인지, 인간 사회는 왜 이렇게 돌아가는지, 진짜 유익한 지식들을 배워 나가길 바랍니다.

초등학생이었던 저희 딸들도 뇌과학을 이해했으면 좋겠다는 마음으로 처음 '인간 탐구 보고서'를 쓰기 시작하였는데, 이 책은 이제 세상의 모든 아들과 딸들을 위해 '어린이와 청소년들을 위한 뇌과학' 책으로 성장하고 있습니다. 2010년 무렵부터 준비된 이 책이 2019년 처음 세상에 선보인 이래 벌써 10권이나 출간되었다니 마음이 벅차오릅니다. 바라건대, 이 책이 혼란스러운 어린 시절과 고민 많은 사춘기를 관통하게 될 모든 10대들에게 '나에 대한 친절한 가이드북'이 되었으면 합니다. 뇌과학과 심리학이 그들을 유익한 방황과 진지한 성찰로 인도해 주길 소망합니다.

인간의 일상을 낯설게 관찰하기

이 책의 가장 큰 매력은 외계인의 시선으로 인간을 탐구하고 있다

는 것입니다. 아우레 행성으로부터 지구로 찾아온 외계 생명체 아싸, 바바, 오로라, 라후드가 겪게 되는 좌충우돌 모험담이 무척이나 흥미롭지요. 우리 인간들을 물리치고 지구를 점령할지, 인간들과 공존하며 지구에서 함께 살지 알아보기 위해 인간을 탐구하며 보고서를 송신하는 그들은 우리와 어느새 닮아 가고 있습니다.

어린 독자들은 이 책을 펼치면서 외계인의 시선으로 인간을 바라보는 낯선 경험을 하게 됩니다. 아싸와 아우레 탐사대처럼 인간을 관찰한 후 '탐구 보고서'를 아우레 행성으로 보내는 과정에 함께 참여할 것입니다. 이 과정을 통해 어린이와 청소년들이 우리들의 평범하고 당연한 일상을 낯설게 바라보는 경험을 하게 되길 바랍니다. 마치 우리가 곤충을 관찰하고 기록 일기를 쓰듯이, 인간의 일상을 관찰하고 탐구 보고서를 쓰면서 우리를 돌아보길 희망합니다.

인간이라는 사랑스럽고 경이로운 생명체

저는 이 책을 읽으면서 어린 독자들이 우리 인간들을 비로소 '이해'하고 덕분에 더욱 '사랑'하게 되리라 확신합니다. 외계 생명체 라후드처럼 '인간은 정말 이해 못 할 이상한 동물'이라고 여겼다가, 우리들을 더욱 이해하게 될 것입니다. 아싸와 아우레 탐사대가 그렇듯, 우리 어린이들도 이 책과 함께 인간 존재의 신비로움을 깨닫게 될 것입니다. 그러면서 결국 외계 생명체 아우린들이 '인간이 얼마나 사랑할 만한 존재'인지 알아주었으면 합니다. 때론 감정적이고 비합리적이며 종종 충동적이고 가끔 폭력적이기까지 한 존재이지만, 인간 내면의 실체를 알게 되었을 때, 우리 호모 사피엔스가 얼마나 사랑스러운 존재인지 깨달았으면 좋겠습니다. 아우레 행성의 외계 생명체들이 제발 우리를 지배하려 하지 말고, 우리 인간들의 사랑스러운 매력에 빠져주길 바랍니다. 무엇보다도, 인간의 뇌는 이성과 감성이라는 두 말이 이끄는 쌍두마차로서, 우리가 사는 세상을 좀 더 근사한 곳으로 만들기 위해 끊임없이 애쓰는 경이로운 기관임을 아우린들과 어린 독자들이 알아주었으면 합니다.

인간의 숲으로 도전적인 탐험을!

인간이 어떤 존재인지 모두 알게 되는 그날까지, 라후드와 아우레 탐사대의 '인간 탐구 보고서'는 계속될 것입니다. 호모 사피엔스의 뇌가 가진 경이로운 능력, 사랑스러운 매력이 외계 생명체들에게 충분히 이해될 때까지 보고서는 결코 멈추지 않을 것입니다. 그 과정에서 우리 어린 독자들 또한 인간에 대한 이해가 더욱 깊어지겠지요? 외계

생명체 아우린들이 흥미롭게 써 내려간 '인간 탐구 보고서'에서 어린이들과 청소년들이 나를 발견하는 놀라운 경험을 하게 되길 진심으로 기대합니다. '인간 탐구 보고서'는 지구를 지배하기 위해 아우레 행성의 정복자들이 작성한 무시무시한 보고서가 아니라, 인간이라는 숲을 탐색하는 외계 탐험가의 애정 어린 편지이니까요.

 자, 이제 다시 한번 외계인의 마음으로 인간 탐험을 흥미롭게 즐겨 주시길!

정재승 (KAIST 뇌인지과학과+융합인재학부 교수)

등장인물

지구에서의 생활이 길어질수록 정체를 들킬까 노심초사하는 아우레의 탐사대장. 요즘 들어 임시 본부에 유독 지구인들이 더 많이 찾아오는 것 같은데, 거기에 사고뭉치 도됴리의 역대급 일탈까지, 해결해야 할 일이 너무 많다.

오로라

마음은 도됴리처럼 자유로운 지구 탐험을 꿈꾸지만, 지구 생활의 주의 사항을 너무나 잘 아는 아우레의 외계문명탐구클럽 회장. 아우레가 그립기도 하지만, 지구 생활은 지루할 틈이 없다.

라후드

귀엽고 예쁜 건 무엇이든 좋은 아로리인. 그중에서도 지구에서 가장 마음에 드는 물건을 찾았다! 동글동글, 반짝반짝, 쨍그랑 소리가 나는 그것! 덕분에 오로라가 가장 경계하는 '눈에 띄지 않기' 전략에 차질이 생기고 만다.

도됴리

대호

친구들과 몰려다니는 걸
좋아하는 사춘기 지구인!
친구 때문에 놀고 친구 때문에 공부한다.
그래서 남들의 오해를 사기도 한다.

하나

처음으로 공부보다 더 중요한 게
있을지도 모른다고 생각하게 된 사춘기
지구인. 친구와의 관계도 집에서의
생활도, 신경 쓸 게 너무 많다.

갈치

형과의 비교에 시달리다가
계획에 없던 일을 저지르고 마는
사춘기 지구인. 작은 실수 하나 때문에
더 큰 위기에 처할 뻔한다.

보스

지구인 최초로 웜홀 비행에 성공!
보스답게 외계 환경에 금세 적응하고
소원을 이룰 기회까지 얻지만,
예상하지 못한 변수가 발생하고 만다.

프롤로그

외계인 보스의 선택

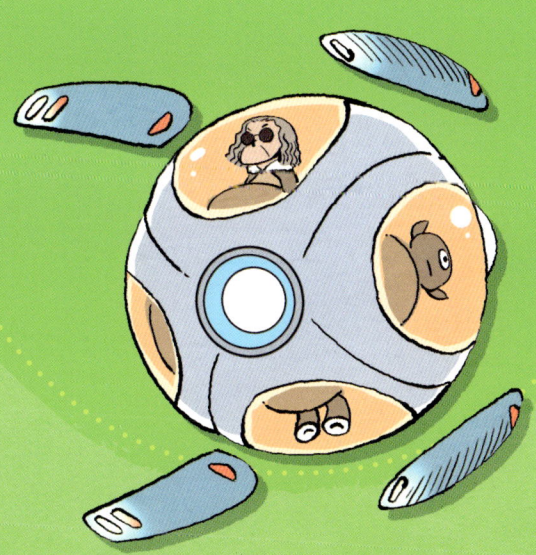

라후드는 가끔 지구의 하늘을 올려다보며 생각했다.

보스에게 귀환 우주선 자리를 양보하지 않았다면 어땠을까? 지금쯤 아우레 행성에서 외계문명탐구클럽 회원들과 지구에 대해 이야기를 하고 있을까? 엄청 신나게, 뽐내며. 그러다가 문득 지구인들처럼 후회했을까? 보스를 외계로 보내 줄걸, 하고…….

"그래, 보스에게 양보하길 잘했어. 지금쯤 아우레에 도착했겠지? 샤포이 행성으로 출발했을까? 프샤샤프를 만났을까? 어릴 때 잃어버린 탱탱한 피부를 되찾았을까? 통신이라도 한 통 보내 주면 좋을 텐데. 궁금하다."

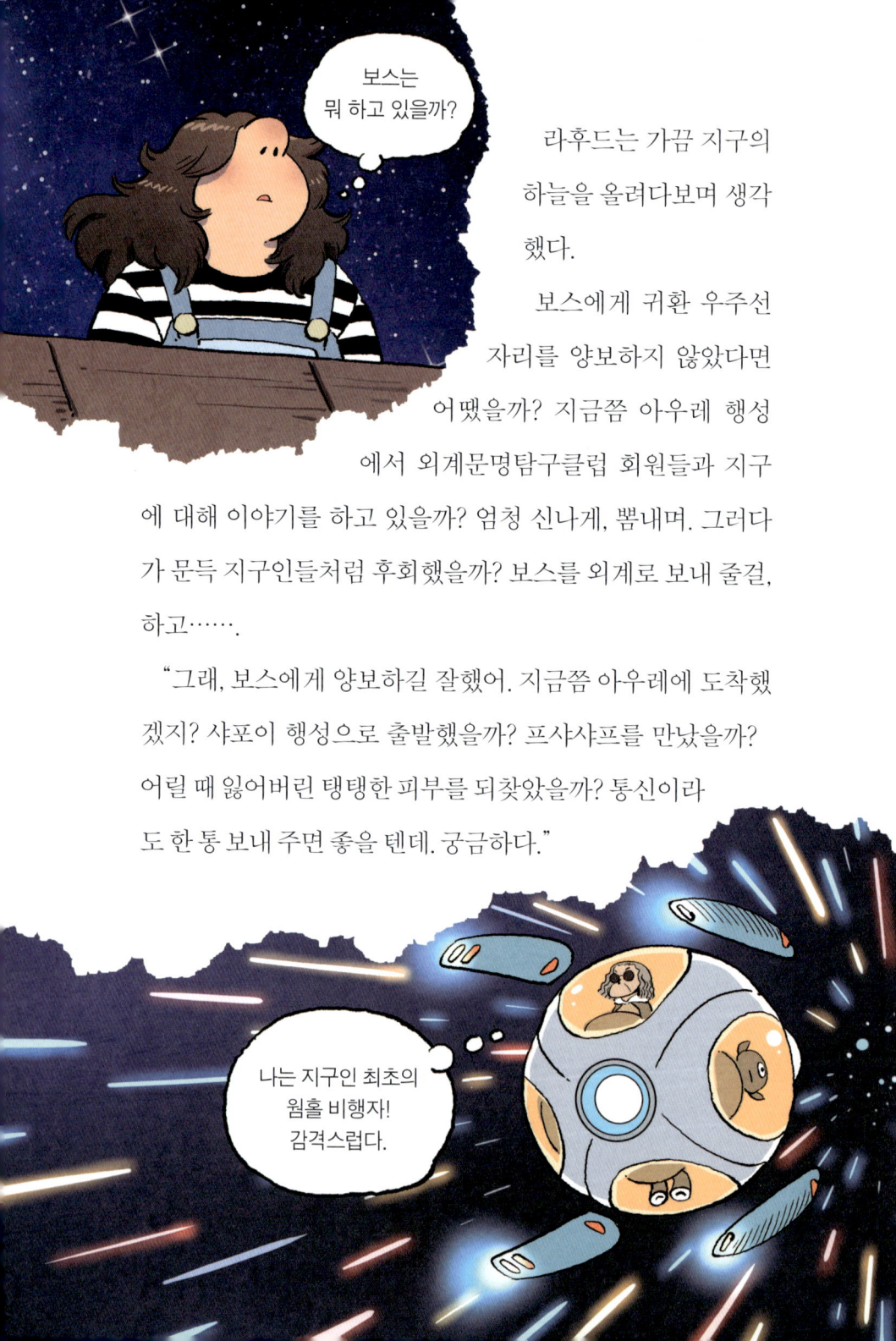

보스는 외계인들 사이를 당당히 걸었다. 하지만 속으로는 조금 겁을 먹었다. 아니, 많이 먹었다. 보스는 어떤 외계인에게도 길을 묻지 않았다. 낯선 행성에서는 길을 물어보나 마나 말이 안 통할 테니까.

하지만 혼자서 길을 찾을 수도 없는 노릇이었다. 지구인 보스는 외계 문자를 전혀 해독할 수 없었기 때문이다.

"샤포이행 우주선은 어디서 타지?"

보스는 발을 동동 구르며 혼잣말만 해 댔다.

그때 지잉, 보스의 말에 대답이라도 하듯 발밑에서 부드러운 파란색 빛이 생겼다. 보스는 파란색 빛의 의미를 바로 이해했다.

어떻게 이런 일이 가능한지 몰랐다. 그냥 공기와 함께 아우린의 언어를 들이마신 것처럼 의미가 느껴졌다. 더욱 신기한 것은, 아우레 표지판의 글자들까지 다 알아보게 된 것이다.

"이게 아우레 행성의 최첨단 기술인가? 혼잣말로 길을 물어도 가르쳐 주고, 다른 행성의 언어도 자동으로 번역해서 느낌으로 알려 주고? 놀라워, 대단해!"

파란빛을 따라가니 정말로 은하 정거장이 나왔다. 샤포이행 우주선이 곧 도착한다는 안내도 느껴졌다.

마음이 놓인 보스는 그제야 창밖으로 눈을 돌렸다. 은하 정거장은 아우레 행성의 궤도 엘리베이터 위에 세워져 있었다. 창밖으로는 깊고 먼 우주가 내다보이고, 밑으로는 아우레 행성의 풍경이 펼쳐졌다.

보스는 아련한 눈빛으로 중얼거렸다.

"라후드 씨가 봐야 할 멋진 풍경을 내가 대신 보고 있네. 고마워요, 라후드 씨."

우주는 역시 정말 멋진 곳이구나.

"라후드 씨를 제거하고 지구를 정복한다고? 누구 마음대로? 절대 안 돼!"

보스는 당장이라도 스피를 때려눕히고 지구로 날아가 오로라와 라후드를 구하고 싶었다. 국제 우주 기구와 힘을 합쳐 루나를 체포하고, 지구를 침공하는 나쁜 외계인들을 몽땅 쓸어버리고 싶었다.

하지만 보스는 그럴 수 없다. 보스는 지구를 지키는 일보다 훨씬 더 중요한 일을 앞두고 있었다.

"지구도 소중하지만, 내가 더 소중해. 라후드 씨를 구하고 싶지만, 나를 더 구하고 싶어. 이 주름 피부를 없애는 게 더 중요하다고! 지구는 지구 특공대들에게 지키라고 해."

보스는 지구를 정복하러 가는 스피를 때려눕히지 않았다. 얼마 뒤, 보스는 드디어 샤포이 행성에 도착했다.

프샤샤프가 보스에게 선물해 준 피부는 샤포이 행성에서 쓸모가 있긴 했다. 프샤샤프를 만나러 가는 길에 보스의 피부는 풍선처럼 부풀었다가 쪼그라들기를 반복했다.

"샤포이 행성에서는 주름 피부가 쓸모 있긴 하군. 그래도 싫어. 난 약해도 예쁜 피부가 좋아."

프샤샤프는 보스를 보자마자 누군지 기억했다. 우주 최고의 히치하이커인 프샤샤프는 수많은 행성을 방문했지만, 보스와의 만남은 꽤 강렬했다. 자신을 찾아오라며 시도때도 없이 신호를 보내 놓고, 정작 앞에 나타나자 기절해 버린 어린 지구인.

"지구인, 샤포인의 아름다운 피부 선물에 감사하러 왔샤?"

"감사는 무슨. 네 선물 반납하러 왔어. 주름 피부 가져가고 내 팽팽한 피부 돌려줘."

"샤포인 피부는 다들 못 가져서 안달인 우주 최강 피부샤."

보스는 참지 못하고 버럭 화를 냈다.

"지구에서는 아니야! 난 주름 싫다고! 이것 때문에 그동안 내가 얼마나 슬펐는지 알아? 당장 가져가!"

"지구인, 상처 줘서 미안하샤. 우주 최강 피부는 다시 가져가겠샤. 미안하니 소원도 하나 들어주겠샤."

선물 반납과 소원 하나. 어쩌면 피부와 지구 모두를 구할 수 있을지도 몰랐다. 보스는 다급하게 말했다.

"그럼, 빨리 주름 피부 없애고 나를 지구로 보내 줘."

"둘 중 하나만 선택하샤. 샤포인 피부가 없으면 지구인의 웜홀 비행은 불가능하샤. 특수 우주복을 맞추려면 지구 시간으로 2,076시간이 걸리샤."

"2,076시간? 그러면 너무 늦어······."

"모르겠어……."

보스는 결국 지구를 선택했다. 매력적인 젊은 피부를 받아도 돌아갈 고향이 없고, 친구들이 없다면 누구에게 자랑할까, 하는 마음이 들어서였다. 하지만 자신이 정말로 구하고 싶은 것이 피부보다 지구인지 확신하진 못했다.

"마음은 언제나 바뀔 수 있샤. 우주 최강 피부를 반납하고 싶을 때 다시 오샤, 친구."

프샤샤프는 결정을 하고도 혼란스러워하는 지구인을 우주 정거장으로 데려다주었다.

"지구인, 또 보샤."

"그래, 네 선물 꼭 반납하러 올 거야. 늦더라도 꼭!"

보스는 아슬아슬하게 지구행 우주선에 올랐다.

1 갈치의 가출

비교는 못 참는 지구인들

검은 양복은 보스의 곁에서 4년 동안 비밀 요원으로 활동했다. 하지만 보스에 대해 아는 것이 거의 없었다. 그래서 지금처럼 보스가 사라져도 찾을 수 있는 단서가 없다. 보스가 스스로 사라졌는지 납치되었는지조차 알 수 없다.

"어형, 진짜 납치되었으면 어떡하지! 보스, 걱정 말아요. 내가 꼭 구해 줄게요."

검은 양복은 보스를 위해, 라후드의 뒤를 봐주되 아무것도 궁금해하지 말라는 명령을 어기기로 했다. 보스가 마지막으로 만난 사람인 라후드에게서 단서를 찾아야 하니까.

검은 양복은 라후드를 찾으러 가며 생각했다.

'보스는 좋은 사람일까, 나쁜 사람일까? 외계인을 좋아할까, 싫어할까? 젊은이일까, 나이 든 할머니일까?'

생각하면 할수록 보스가 어떤 사람인지 더 헷갈렸다.

고민하며 가다 보니 어느새 라후드가 사는 일등학원 건물 앞이었다. 검은 양복은 당장 4층으로 올라가서 라후드를 다그치고 싶었다.

"보스의 행방을 알고 있습니까? 보스와 어떤 관계입니까? 보스는 어떤 사람입니까? 사람이 맞긴 합니까? 최근 주변에 수상한 낌새는 없었습니까? 보스에게서 연락이 온 적은요?"

갑작스럽게 쏟아지는 질문에 당황한 라후드가 횡설수설 대답하면, 검은 양복은 그 말에서 단서를 찾을 것이다. 원래 유능한 비밀 요원들은 다 그렇게 한다.

하지만 라후드가 먼저 검은 양복에게 질문을 한다면?

"내가 여기 사는 걸 어떻게 알았죠?"

그러면 검은 양복은 보스의 명령으로 라후드를 감시했다는 사실을 털어놓을 수밖에 없다.

보호해 주기 위한 좋은 의도였지만, 몰래 감시하는 것은 어찌 됐든 불법이다.

"자연스럽게 만나야 해. 지나가던 길에 우연히 마주친 것처럼."

검은 양복은 라후드에게도, 주위 사람들에게도 의심을 사지 않도록 평범한 시민의 모습으로 위장하고 일등학원 맞은편 건물 뒤에 숨었다.

오로라, 라후드, 도됴리가 나오자마자 검은 양복은 그들에게 다가왔다. 미리 준비한 대사를 또박또박 읊으면서.

"라후드 씨? 오로라 씨? 이렇게 우연히 만나다니……."

"네, 반갑습니다. 우리 집에 가서 커피를 마십시다."

오로라는 검은 양복의 말을 상냥하게 가로챘다. 갑작스러운 초대에 검은 양복과 라후드 모두 놀랐다. 오로라는 그저 지구인들에게 익숙한 방식으로 검은 양복을 잡아들인 것뿐인데!

검은 양복은 냉철한 비밀 요원처럼 라후드를 심문하고 싶었다. 하지만 보스에 대한 걱정에 그만 울음이 터지고 말았다.

"라후드 씨, 저는 보스가 잠시 쉬러 간 줄 알았는데, 아닌 것 같아요. 수상한 일들이 계속 생기는 게 불길해요. 혹시 우주국 비밀 요원들이 보스를 노리는 거 아니겠죠?"

"우주국 비밀 요원이요? 그들이 왜 보스를 노리죠?"

오로라는 아우레의 군인답게 필요한 정보만 쏙쏙 골라냈다. 정보를 캐러 온 검은 양복은 오히려 정보를 퍼 주고 있었다.

"우주국 녀석들이 그동안 보스가 모은 외계인과 우주여행에 관한 정보를 전부 빼돌렸어요. 윤박 말로는 천하의 보스를 감쪽같이 사라지게 만든 자들도 우주국 비밀 요원들일 거래요. 설마, 보스가 외계인일까요?"

검은 양복의 얼굴이 하얗게 질렸다.

"보스가 외계인이든 지구인이든 상관없어요. 제겐 그냥 보스일 뿐이에요. 어디 잡혀가지만 않으면 돼요."

"보스는 잡혀가지 않았어요. 아니, 그러니까…… 우주국에서 잡아 갔어도 보스는 지구인이니 금방 풀어 주겠죠."

검은 양복의 얼굴이 금세 평온해졌다.

"역시 그렇죠? 라후드 씨를 만나서 정말 다행이에요."

그리고 가벼운 발걸음으로 문을 나섰다.

 놀러 왔다고 우겼지만 사실 갈치는 가출했다. 루이와 대호도 눈치챘지만 더는 따져 묻지 않았다.
 그날 밤, 갈치는 대호의 침대 옆에 웅크리고 누웠다. 잠이 오지 않았다. 집에서 있었던 일이 자꾸 생각나서 가슴이 먹먹하고 눈물만 났다.

갈치에게는 한 살 위인 형이 있었다. 형의 별명은 올백이다. 초등학교 때부터 중학교 3학년인 지금까지 시험만 보면 백 점을 받아서다.

갈치의 부모님은 언제나 올백이를 칭찬하고 자랑했다. 갈치에게도 늘 형을 본받으라고 습관처럼 말했다.

갈치도 초등학생 때는 형을 따라 백 점을 받으려고 애썼다. 덕분에 매번은 아니지만 어쩌다 한 번씩 백 점을 받았다. 하지만 중학생이 된 이후로 갈치는 한 번도 백 점을 받지 못했다. 공부를 해도 점수가 안 나오고, 안 하면 당연히 더 안 나왔다. 갈치는 점점 더 공부에 흥미를 잃었다. 부모님은 갈치를 볼 때마다 한숨을 쉬며 형과 비교했다.

형은 공부를 잘하니까 칭찬을 많이 받는 건 당연해 보였다. 그렇지만 외식 메뉴도 형이 정하고, 탕수육 찍먹이냐 부먹이냐도 형이 정하고, 마지막 남은 고기 한 점도 형이 먹는 건 부당했다. 아무리 생각해도 공부를 못하는 게 그만큼 큰 잘못은 아닌 것 같았다. 하지만 부모님께 당당하게 따지지도 못했다.

'그래도 아까는 너무했어.'

문제의 발단은 한정판 운동화였다. 부모님이 한정판 운동화 이벤트에 참여했는데, 운동화가 하나만 당첨된 것이다.

"나한테 맨날 너무해요!"

갈치는 엄마한테 꽥 소리를 질렀다.

"시끄러워. 운동화 신경 쓸 시간에 공부나 해. 형 좀 봐. 학원에서 더 이상 올라갈 레벨이 없……."

갈치의 속도 모르고 엄마는 또다시 비교를 했다.

"으아아아악~!"

갈치는 상처 입은 늑대처럼 울부짖으며 집을 뛰쳐나왔다. 슬리퍼 차림으로 지갑도 없이, 달랑 휴대 전화만 손에 든 채였다. 하필 비까지 내렸다. 갈치는 무작정 눈앞에 있는 지하철역으로 들어갔다. 비도 피할 겸, 지하철을 타면 참치 집에 갈 수도 있고…….

지하철에서 갈치는 엄마에게 받은 상처를 떠올렸다. 마음이 쓰렸다. 문득 맞은편에 앉은 사람의 운동화가 보였다.

갈치는 눈에 보이는 모든 것이 불만이었다. 혼자서 사람들을 흘겨보며 속으로 온갖 불평불만을 늘어놓았다. 그렇게 한바탕 속을 풀고 나니 갑자기 피곤했다. 갈치는 고개를 숙인 채 꾸벅꾸벅 졸았다. 얼마나 잤을까? 고개가 툭 떨어지며 갈치는 눈을 떴다.

놀라서 고개를 들어 보니 갈치 앞에 머리가 새하얀 할머니 한 분이 서 계셨다. 갈치는 자리에서 벌떡 일어났다.

갈치는 지하철에서 만난 할머니의 칭찬을 떠올리며 웃었다.

'하긴, 내가 키는 모델한테 안 밀리지. 운동 조금만 하면 몸도 모델 몸매 될걸.'

으흐흐, 갈치는 웃으며 침대 쪽으로 돌아누웠다. 그러자 조금 전부터 깨어 있던 대호와 눈이 마주쳤다. 대호는 인상을 찌푸리며 갈치에게 물었다.

"좀 전까지는 혼자 씩씩대면서 화내더니 갑자기 왜 웃고 그러냐? 무섭게."

"아니야."

갈치는 여전히 실실 웃으며 대답했다.

"솔직히 말해. 엄마한테 혼났지? 또 형이랑 비교해서 화났냐? 그래서 가출했어? 그런데 왜 웃어?"

"가출 아니고 독립이야, 독립! 그러니까 나 여기 조금만 있어도 되지?"

갈치는 당당하게 말했다.

"쳇, 우리 집에 얹혀사는 게 무슨 독립이냐?"

갈치 어머님, 저 대호 형인데요. 갈치 저희가 며칠 데리고 있을게요~.

대호는 투덜거렸지만 나가라는 말은 하지 않았다. 대호도 갑자기 친구와 함께 지내게 된 것이 내심 기대됐기 때문이다.

2

나도 내 마음이 왜 이러는지 몰라

이랬다가 저랬다가 흔들리는 감정

"누나 언제 나와?"

최고는 오늘도 화장실 앞에 서서 문을 두드렸다. 허리를 구부정하게 웅크리고 잔뜩 찡그린 채로.

화장실에 들어간 지 한 시간이 다 되어 가는 하나는 아직도 여유롭고 기분 좋게 거울 앞에서 머리를 만지고 있었다.

"알았어. 조금만 기다려."

"누나, 나 급해. 빨리 나와!"

최고의 얼굴은 일그러지고, 노크하는 손도 다급해졌다.

"알았다고. 기다리라고."

하나는 대답만 하고 나오지 않았다. 그런데 욕실 안은 조용했다. 씻고 있으면 물소리가 나야 하고, 머리를 말리고 있으면 드라이기 소리가 날 텐데, 도대체 하나는 무엇을 하는 걸까? 최고를 골리려고 일부러 안 나오는 걸까? 최고는 참지 못하고 버럭 소리를 질렀다.

"누나! 그만 나와!"

화장실 문이 스르르 열렸다. 하나는 드라이까지 말끔히 한 모습이었다.

"아직 안 끝났다니까. 문 좀 그만 두드려!"

최고는 울상이 되어 2층에 있는 학원 화장실로 뛰어갔다. 일 원장은 혀를 끌끌 찼다.

"하나 재는 아침마다 왜 저러니?"

　루이는 일등학원 화장실에서 세수도 했다. 최고는 손만 씻는 둥 마는 둥 했다. 최고는 종종 세수도 안 하고 학교에 갔지만 아무렇지도 않았다. 그래서 한 시간씩 화장실에서 시간을 보내는 하나를 이해하지 못했다.

　"루이 형, 대호 형도 아침마다 화장실에서 안 나와요? 하나 누나는 한 시간도 넘게 씻어요."

　"그러게. 사람은 그런 때가 있나 봐. 마음 넓은 우리가 이해해야지 어쩌겠어."

　루이는 대호가 사춘기라 한창 외모에 관심이 많다는 걸 안다. 거울 앞에만 서면 시간 가는 줄 모른다는 점도 물론 경험으로 안다.

　그렇다고 해도 요즘 대호는 외모에 신경을 너무 많이 쓴다. 지난 주말에는 앞머리 파마까지 했다.

　"여자 친구라도 생겼나?"

　루이는 금세 고개를 저었다.

　"눈이 어떻게 되지 않고서야 저 유치한 철부지를 누가 좋아하겠어? 혹시 짝사랑인가?"

　루이는 창밖을 내다보았다. 욕실에서 너무 오래 있다가 지각 위기에 처한 대호가 뛰어가고 있었다. 헐레벌떡 나온 하나도 함께였다.

일 원장이 일등학원에 출근하자마자 홍실 여사가 등장했다.

"일 원장아, 우리 커피 한잔하자."

일 원장은 엄마가 좋아하는 달달한 믹스 커피를 내놓으며 하나에 대한 불만도 함께 꺼내 놓았다.

"아유, 하나 때문에 걱정이에요. 하나뿐인 욕실을 아침 내내 독차지하고 웬 멋을 그렇게 내는지……. 동생이 급하다고 해도 화만 내고. 누가 보면 최고가 큰 잘못이라도 한 줄 알겠다니까요. 옛날에는 안 그랬는데, 왜 그러는지 모르겠어요."

"중학생이면 한창 그럴 때지. 다 그러고 큰다. 어쨌든 하나는 너보다 나을 거야. 넌 중학생 때 말도 못했어."

홍실 여사가 고개를 절레절레 저으며 옛날이야기를 꺼냈다.

일 원장은 저금통을 탈탈 털어 가발을 사러 갔다. 그곳에서 다양한 색깔과 모양의 가발을 여러 개 골라 썼다 벗었다가 했다. 그러다가 마음에 쏙 드는 것을 찾았다.

"이거요, 이거."

"돈이 모자라는데? 이건 비싸."

"그럼, 싼 가발은 뭐예요?"

다행히 싸면서도 그럭저럭 마음에 드는 가발이 있었다. 일 원장은 가발을 사서 쓰고 신나게 집으로 달려왔다.

"어디서 그런 개털 같은 걸 머리에 쓰고 다녀? 당장 벗어."

가발을 본 홍실 여사는 일 원장의 등을 찰싹 때렸다. 순간 일 원장의 사춘기 반항심에 확 불이 붙었다.

"싫어요. 맨날 쓰고 다닐 거예요."

일 원장은 보란 듯이 가발 쓴 머리를 흔들어 댔다.

"어이구, 동네 창피해서 못 살겠다."

"엄마, 내가 창피해요? 어떻게 딸을 창피해할 수 있어요?"

일 원장은 갑자기 서럽게 울기 시작했다. 홍실 여사는 당황해서 딸을 달랬다.

"네가 창피한 게 아니라, 가발이……. 아니, 가발이 그렇게 좋으면 쓰고 다녀."

"정말? 그래도 돼요?"

일 원장은 언제 울었냐는 듯 배시시 웃었다. 그러고는 개털 사자 머리를 하고 친구들과 떡볶이를 먹으러 가고, 독서실 가서 공부도 하고, 영화도 보러 갔다.

홍실 여사는 그런 딸을 그냥 지켜보았다. 아니, 그냥은 아니고, 땀 냄새가 나는 가발을 몰래 빨아 주고, 자꾸 보니까 연예인 머리 같다는 하얀 거짓말도 해 주었다.

하지만 여름 방학이 끝나기도 전에 일 원장은 가발을 벗어 던졌다.

일 원장은 30년 전 일을 생각하며 얼굴이 빨개졌다.

"아유, 그때 왜 그랬는지 몰라. 사진 보니까 정말 못 봐 주겠더라, 창피해서."

"사춘기가 그렇잖니! 감정이 오락가락하고, 변덕이 죽 끓듯하고, 이상한 데 꽂히고. 오죽하면 질풍노도, 거친 바람과 화난 파도의 시기라고 하겠니?"

"하나도 그런 거겠죠? 그래도 가끔 서운해요. 하나가 엇나갈까 봐 걱정되기도 하고."

일 원장은 하나가 중학생이 된 뒤로 자꾸 멀어지는 것 같아 서운하고, 섭섭하고, 걱정되고, 가끔은 쓸쓸하기도 했다. 홍실 여사는 그런 일 원장의 마음을 누구보다 잘 이해했다.

"좀 기다려 줘. 사춘기는 부모에게서 독립하는 연습을 하는 시기잖니. 그래서 어른들이 보기에 엉뚱한 짓도 하는 거고. 나쁜 짓이 아니라면 그냥 믿고 기다려 줘. 너처럼 사자 털 같은 가발 빗이 던지고 놀아오는 날이 올 거야. 나도 보기 힘든데 용을 쓰면서 참고 기다렸어."

"엄마도 참……."

"그러니까 너도 참고 기다려 봐. 알았지?"

"응, 명심할게."

홍실 여사는 일 원장에게 단단히 다짐을 받아 냈다.

일등학원을 나서며 홍실 여사는 자신의 어린 시절을 떠올렸다. 그때는 다들 먹고 살기 힘든 시절이라 사춘기라는 것이 존재하는지도 몰랐다. 하지만 호기심이 넘쳐서 대책 없이 친구들과 서울 구경을 갔던 중학교 3학년 때는 확실히 사춘기였던 것 같다.

홍실 여사와 친구들의 서울 여행은 경찰에게 붙잡혀 부모님께 끌려가는 것으로 끝났다. 다들 엄청나게 혼이 났다. 특히 엄격했던 반짝이네 아버지는 다시는 밖에 나가지도 말라며 반짝이의 신발을 태워 버렸다. 하지만 바다 엽서를 보고 홀딱 반한 중학생 삼총사는 또다시 바다로 떠나고 말았다.

보고서 82

감정이 들쑥날쑥한 사춘기 지구인들

작성자: 라후드

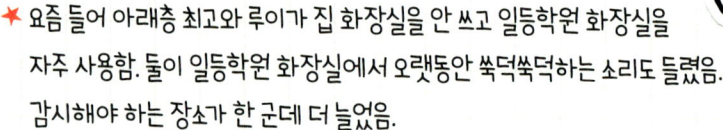

★  검은 양복이 임시 본부 건너편 건물에서 서성이는 것을 발견함. 오로라가 검은 양복을 제거할까 봐 걱정했지만, 임시 본부에 초대해 커피를 줌. 오로라도 지구인의 방식을 배워 가고 있나 봄. 검은 양복은 갑자기 사라진 보스가 걱정돼서 찾아온 거였음.

★ 임시 본부에 지구인이 또 찾아옴. 이번에는 오로라가 이 초대받지 않은 지구인을 제거할 뻔함. 지구인은 침입자가 아니라 대호의 친구였음. 사춘기 지구인들 때문에 관찰 임무가 늘어남.

★ 요즘 들어 아래층 최고와 루이가 집 화장실을 안 쓰고 일등학원 화장실을 자주 사용함. 둘이 일등학원 화장실에서 오랫동안 쑥덕쑥덕하는 소리도 들렸음. 감시해야 하는 장소가 한 군데 더 늘었음.

★  하나와 대호는 등교 시간을 계산하는 데 늘 실패함. 아침 시간을 잘 사용하면 여유 있게 움직일 수 있는데, 항상 10분 늦게 출발하여 학교에 뛰어감. 그래도 표정이 밝은 걸 보니, 뛰는 게 그다지 힘들지 않은 모양. 아니면 학교 가는 게 즐겁나?

비교는 지구인들을 예민하게 만든다

- 사춘기는 신체가 급격하게 발달하고 새로운 것들을 학습하면서 지구인들이 성장하는 시기임. 이 시기엔 또래 집단과 많은 시간을 보내게 되면서 자연스레 또래들과 비교되는 일이 많아짐. 때로는 그런 비교가 사춘기 지구인들의 자존심을 상하게 하거나 자존감을 떨어트림. 그러면 사춘기 지구인들은 반항하거나 싸우는 행동으로 불편한 감정을 표현하려 함.

- 특히 형제자매와 비교되는 사춘기 지구인들이 많은데, 자신보다 공부를 잘하거나 예쁘고 키가 큰 (외모 지상주의 지구인들에게는 이게 매우 중요함.) 형제자매와 자기 자신을 비교하며 경쟁 심리를 갖기도 함. 여기에 부모님이 둘을 비교하는 말을 하면 질투심이 폭발함. 이러한 '형제 경쟁'은 부모로부터 인정받고, 또래인 형제보다 더 많은 지지를 받고 싶은 지구인들에게 나타나는 마음임.

- 남들과 비교하는 것은 사춘기 지구인들만 보이는 현상이 아님. 지구인들의 뇌는 끊임없이 주변 정보를 수집해 자신의 사회적 위치를 판단함. 이러한 판단을 통해 지구인들은 각자 다른 비교를 경험함.

세상은 사춘기 지구인을 중심으로 돌아간다

- 지구인은 사춘기 때 세상 모든 사람이 자기를 쳐다보고 있다고 착각함. 그래서 센 척을 하거나 과한 행동을 하고 자아도취 된 모습을 보이기도 함. 이러한 성격을 보이는 사춘기 지구인들을 보고 '중2병'에 걸렸다고 하기도 함.

- 하지만 이는 병이라기보단 사춘기의 뇌에서 '옥시토신'이라는 호르몬이 많이 분비되어서임. 옥시토신의 영향이 커지면 타인의 시선을 과도하게 의식하게 되는데, 이때 지구인의 자의식이 강해짐. 자의식이 강해지면 타인의 시선을 깊이 생각하게 되는데, 그 과정에서 다른 지구인과 함께 살아가는 방법을 배우고 스스로의 정체성을 찾기 위해 노력하는 모습도 보임.
- 이 시기에 지구인들은 감정 기복이 심해지기도 함. 그 이유는 뇌가 폭발적으로 변화를 겪는 시기이기 때문. 사춘기에는 감정 처리를 담당하는 '대뇌 변연계'가 급격하게 발달하고, 자기 억제나 판단력 등 이성적 사고를 담당하는 '전두엽'은 비교적 더디게 발달함. 따라서 뇌가 감정을 예민하게 의식하는 것에 비해 그것을 통제할 힘이 부족한 것.

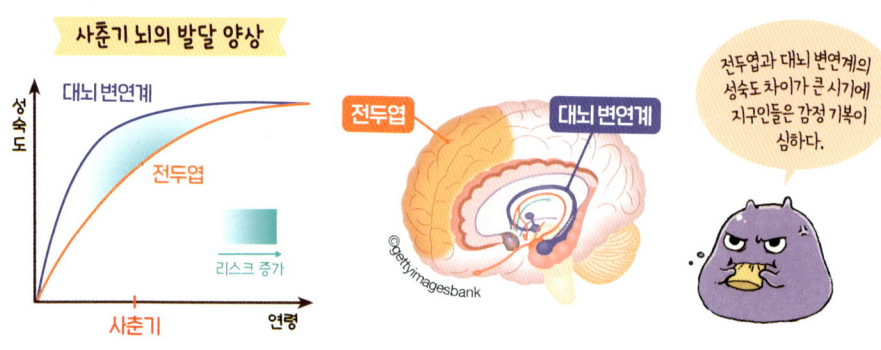

분노를 버리는 방법

분노를 주체할 수 없을 때 안정을 취하기 위해 시도할 수 있는 방법이 있다. 바로 감정을 종이에 적어 찢어 버리는 것. 일본 나고야 대학교 연구팀이 진행한 실험에서, 실제로 이렇게 한 지구인들의 분노 지수가 현저히 낮아지는 결과를 얻었다. 중요한 건 부정적인 감정을 꼭 '찢어서 버려야 한다'는 것. 종이를 그냥 보관한 참가자들의 분노 지수는 조금밖에 낮아지지 않았다.

3

뒷담화 하는 친구, 나쁜 친구

지구인의 말은 양면의 칼날

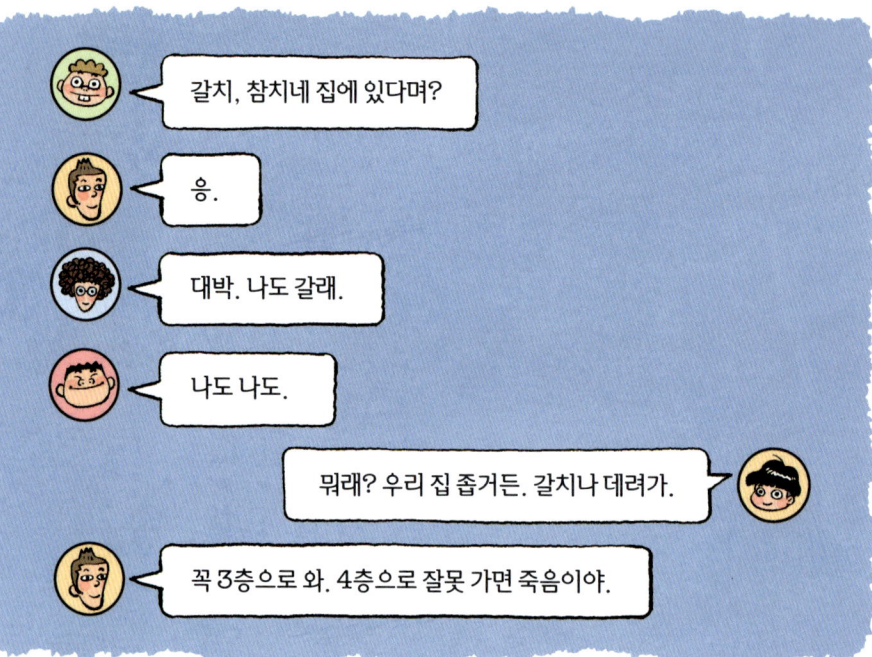

생선파는 아우린 임시 본부를 침략하지 않고 무사히 3층, 참치네 집을 찾아왔다. 그런데 생선파를 맞이한 사람은 집주인 참치가 아닌, 참치의 반바지를 입은 갈치였다.

"참치는 어디 갔어?"

곰치가 물었다.

"학원."

"우리가 오는데 참치가 학원을? 참치 사람 됐네."

"참치가 인어 공주냐? 사람이 되게?"

"참치가 인어 공주……? 웩."

생선파들은 시답지 않은 농담을 하며 깔깔 웃었다.

그 시각 대호는 학원에서 발을 동동 구르며 수업을 듣고 있었다. 몸은 교실에 있지만 마음은 이미 생선파들과 함께였다. 수업이 끝나자마자 대호는 부리나케 교실을 뛰쳐나갔다.

"대호야, 저녁에 자습 같이 할 거지?"

하나가 묻는데도 대호는 손만 흔들고 3층으로 올라갔다.

"급한 일 있나? 혹시…… 화장실? 풋."

하나는 웃으며 자습실로 향했다. 평소 금요일처럼 대호가 저녁 식사 이후에 공부하러 올 거라고 생각하면서.

오랜만에 똘똘 뭉친 생선파는 시간 가는 줄 모르고 놀았다. 대호는 토요일에 있는 학원 수업도 빼먹었다. 공부 쪽으로 마음을 잡은 줄 알았는데, 막상 생선파와 함께 다시 놀아 보니 역시 노는 게 제일 좋았다.

루이는 하루 종일 배고프게 놀러 다닌 생선파에게 삼겹살을 구워 주었다. 잘 놀고 잘 먹었으니 그만 돌아가라는 뜻이었다. 그래도 갈 생각이 없는 생선파에게 루이는 대놓고 말했다.

"배부르지? 이제 그만 집에들 가라."

"오늘 토요일이잖아요. 내일 갈래요."

곰치는 옥상 바닥에 드러누웠다.

"너네 공부는 안 해?"

"에이, 누가 주말에 공부해요? 엉덩이에 뿔 나요."

멸치의 말에 생선파가 다 같이 에헤헤 웃었다.

"너희들 빼고 다 공부하거든! 이제 가서 공부들 해! 대호, 넌 왜 학원도 안 가?"

버럭, 큰소리를 내자 생선파들은 웬일로 냉큼 일어났다.

"녜, 녜, 녜."

대호도 생선파를 따라나섰다.

"대호, 넌 이디 가?"

"어, 그냥. 금방 올게."

건성으로 대답하는 대호를 보고 루이는 깨달았다. 아, 생선들은 오늘 집에 가지 않겠구나. 금방 돌아오지도 않겠구나. 바닷속을 헤엄치는 물고기들처럼 한밤중까지 온 동네를 들쑤시며 다니겠구나…….

한밤중에 중학생들이 놀 만한 장소는 많지 않다. 동네 놀이터는 어른들의 눈치가 보이고, 카페나 피시방, 노래방은 돈이 든다. 눈치도 안 보이고 돈도 안 드는 곳은 역시 큰 공원뿐!

이 동네에도 소원 분수가 있는 큰 공원이 있었다. 생선파는 자전거를 몰고 우르르 분수대로 달려갔다. 시간이 늦은 탓인지 효험이 없는 탓인지, 소원을 빌러 온 사람들은 없었다.

"동전 있는 사람?"

갈치가 친구들을 향해 손을 뻗었다.

하지만 아무도 동전을 내놓지 않았다. 다들 체크 카드를 가지고 다녀서 현금은 한 푼도 없었다.

"그럼 우리 소원 못 빌어?"

갈치는 울상이 되었다.

다음 날 학교에서 라희는 대호를 유심히 살펴보았다. 수업 시간에 헛소리를 좀 해도 꽤 열심히 듣는 편, 남자애들과 복도를 뛰어다니긴 해도 남들에게 시비는 걸지 않는 편, 하나와 공식 커플 선언은 안 했지만 둘이 자주 붙어 다니는 편······.

"나쁜 애처럼 안 보여도 또 모르지. 얼마 전에 중딩들한테 돈 뺏긴 초딩 있다던데, 혹시 대호랑 그 친구들이었을 수도 있고. 학교에서는 아닌 척하고 밖에서는 그러고 다닐지도 몰라."

라희는 대호와 친구들이 어젯밤 초등학생의 돈을 뺏었다고 단단히 오해했다. 그 이야기를 누군가에게 하고 싶어서 입이 근질근질했다. 라희는 하나와 친한 유정이와 세아에게 다가갔다.

"혹시 하나랑 대호 사귀어?"

하나와 대호가 사귄다는 건 아직 비밀이었다. 유정이와 세아는 고개를 세차게 저으며 손사래를 쳤다.

"아, 아니."

"그래? 다행이다. 대호가 어떤 앤 줄 알면 하나가 놀랄지 몰라서······. 남친이 아니라니 딱히 알 필요는 없겠지만······."

라희의 말에 유정이와 세아의 귀가 쫑긋거렸다. 두 아이는 동시에 목소리를 낮추고 물었다.

"왜? 대호가 어떤 앤데?"

　이상했다. 분명히 세아와 유정이, 라희가 하나만 빼놓고 이야기를 나눈 것 같았기 때문이다.

　하나는 쉬는 시간 동안 갸웃거렸지만, 도무지 알 수가 없었다.

　'분명히 무슨 얘기를 했는데……, 왜 아닌 척하지?'

　하지만 수업이 시작되자 하나는 이내 아무 일도 아닐 거라고 생각하며 집중 모드로 돌아갔다.

며칠 뒤 하나도 대호에 관한 소문을 들어 버렸다. 깜짝 놀란 하나는 유정이와 세아에게 물었다.

"너희 혹시 대호에 관해 무슨 말 들었어?"

"아니……, 몰라."

"나도 잘 모르겠는데……."

유정이와 세아는 하나의 눈을 피했다. 알고 있다는 뜻이었다. 하나는 기가 막혀서 말문이 턱 막혀 버렸다.

"뭐야, 알고 있었어? 나만 빼고? 요즘 라희랑 셋이 소곤거리더니 이거 때문이었어? 너무해."

하나는 친구들에게 실망했다. 배신감도 느꼈다.

"진짜 친구라면 말해 줬어야지. 뒷담화 하는 친구가 제일 나쁜 거 몰라?"

"미안해……."

"네가 충격 받을까 봐 말 못 했어. 미안."

하나는 대호에게도 무척 실망했다. 그러나 한편으로는 대호가 나쁜 애라는 사실을 믿을 수 없었다.

"내가 직접 확인할 거야."

학교를 마치고 하나는 대호가 초등학생을 괴롭혔다는 공원으로 향했다.

보고서 83
지구인은 서로 어울리고 싶어 한다

작성자: 도됴리

★ 지구의 동전은 매우 재미있는 아이템. 여러 개를 가지고 다니면 짤랑짤랑 소리도 나고, 주머니에 넣으면 호리호리 행성의 돌처럼 쓰다듬기에도 좋음. 홍실 여사 생일 선물로 호리호리 행성의 돌을 줘서 손이 심심했는데, 동전을 찾아서 다행임. 이런 동전을 지구인들은 물속에 던지며 놀기도 함. 그냥 쓰다듬는 게 더 재미있다는 걸 알려 주고 싶음.

★ 그래도 분수에 동전을 버리는 지구인들 덕분에 도됴리는 동전을 더 많이 모을 수 있었음. 동전이 필요한 대호와 친구들에게도 나눠 줄 수 있었음. 그런데 대호와 친구들은 소원을 빌겠다며 분수대에 다시 동전을 버림. 지구인들이 소원을 이루기 위해 이런 행동을 하는 이유를 모르겠음.

★ 지구에서 동전만큼 좋은 것은 고양이라는 지구 생명체. 복슬복슬 귀여움. 최고 말로는 길에 엄마 없이 돌아다니는 고양이를 지구인들이 집에 데려가서 키우기도 한다고 함. 도됴리도 엄마 없이 돌아다니는 아기 고양이를 발견함! 도됴리가 데려가고 싶었지만 지구 생명체는 절대 금지라는 오로라의 규칙이 떠올라, 하나에게 양보할 수밖에 없었음. 최고 집에 놀러 가서 복슬복슬 고양이를 자주 만져야겠음.

지구인들에게 뒷담화는 본능이다?

- 지구인들은 다른 지구인을 평가하고 이야기하는 것을 좋아함. 그 평가는 긍정적인 것부터 부정적인 것까지, 종류가 다양함. 특히 부정적인 평가는 당사자 모르게 뒤에서 이루어지는 경우가 많아 '뒷담화'라고 불림.

- 한 심리학자가 3살, 5살 지구인을 24명씩 모아 각각 노란색, 초록색 인형 두 개와 서로 메달을 주고받는 게임을 하게 하고, 노란색 인형은 초록색 인형보다 메달을 적게 돌려주게끔 설정함. 어린 지구인들은 게임이 끝난 뒤 다른 지구인들에게 "초록색 인형이 더 친절하니 초록색 인형과 놀라"는 귀띔을 해 주었음. 3살 지구인 24명 중 3명, 5살 지구인 24명 중 13명이 뒤에서 인형을 평가함.

- 어린 시절부터 타인을 평가하고 그에 대해 이야기하는 모습은 지구인들이 본능적으로 뒷담화 한다는 것을 알려 줌. 집단생활을 하는 지구인에게 뒷담화는 누구를 가까이하거나 멀리해야 할지 판단하게 해 주는 정보 교환의 사회적 활동이기도 함.

지구인들이 뒷담화에 빠지는 이유

- 뒷담화는 지구인들에게 안정감과 행복감을 가져다주기도 함. 대학생 22명을 두 그룹으로 나눠, A 그룹에는 특정인에 대한 험담을, B 그룹에는 안타까운 사연에 대한 이야기를 나누게 함. 그 결과 B 그룹에 비해 A 그룹의 지구인들에게서 안정감을 느끼게 하는 옥시토신 분비가 더 활발했음. 게다가 뒷담화는 행복 호르몬인 '세로토닌'의 수치도 높이기 때문에 스트레스를 해소시키는 효과도 있음.

- 뒷담화는 지구인들이 서로 친해지는 유용한 방법이 되어 주기도 함. 주로 지구인 소수가 모여 몰래 진행되다 보니, 자연스럽게 결속력이 강화되고, 상대방과 생각이 같다는 것을 알게 되면서 유대감을 쌓을 수도 있기 때문.

그럼에도 뒷담화가 나쁜 이유

- 어떤 지구인들은 뒷담화에 중독되어 매일 타인을 험담하기도 함. 이는 뒷담화를 할 때 쾌락을 느끼게 해 주는 '도파민'이 분비되기 때문인데, 그 영향으로 뒷담화를 즐거운 일로 인식한 지구인의 뇌가 더 큰 자극을 원하게 되면서 더 자주, 더 자극적인 뒷담화를 하게 됨.

- 자존감이 낮아지는 시기의 사춘기 지구인은 뒷담화에 특히 더 깊이 빠질 수 있음. 타인의 나쁜 점을 이야기하면 자신의 가치가 더 높아진다고 생각하기 때문. 하지만 뒷담화는 자신의 실제 가치를 높이는 행위가 아니기 때문에, 실제로 자존감이 높아지지는 않음.

- 또한 뒷담화 하는 동안은 스트레스가 줄어들 수 있어도, 시간이 지나면 오히려 남을 험담했다는 죄책감과 자기 자신이 '남을 헐뜯는 사람밖에 되지 않는다'는 자괴감에 휩싸일 수 있음. 게다가 뒷담화의 대상 앞에서는 잘 지내는 척하고 뒤에서는 험담하는 일이 잦아지면, 이중적인 감정을 동시에 처리해야 하는 지구인의 뇌가 피로해짐. 뒷담화는 지구인이 남뿐만 아니라 자기 자신까지 괴롭히는 행동이라고 볼 수 있음.

4

갈치,
독립을 선언하다

지구인은 언제까지 어린이일까?

오로라가 도토리를 옆구리에 끼고 소원 분수 공원을 나가려는 참이었다.

"잠깐만."

라후드가 다급하게 말하며 분수에 동전을 던졌다.

"귀환 우주선이 빨리 오게 해 주세요."

동전과 분수는 아우레의 귀환 우주선 도착 시간에 전혀 영향을 끼치지 못한다. 분수가 소원을 이루어 준다는 지구인의 믿음은 비이성적인 미신이다. 아우린치고는 이성이 높지 않은 라후드도 그 정도는 알아야 한다.

"그만둬. 소원 분수는 소원을 들어주지 못한다."

오로라가 말했다. 그래도 라후드는 분수를 향해 모은 두 손을 풀지 않았다.

"혹시 모르잖아. 지구에서는 지구인의 방식이 통할지……."

오로라와 라후드는 범인을 체포하듯 도도리를 양쪽에서 꼭 잡고 임시 본부로 돌아왔다. 그런데 외계인 셋이 손을 잡고 걷는 모습이 언뜻 보면 사랑이 넘치는 지구인 가족 같았다.

루이의 눈에도 그렇게 보였다.

루이는 피시방 주인의 연락을 받고 참치와 갈치를 데려오는 길이었다. 잠깐 놀고 온다던 아이들이 그새 사고를 쳐서 루이가 불려 간 것이다. 루이는 아이들을 돌아보며 중얼거렸다.

"어휴, 사고뭉치들. 언제 사람 될까?"

참치와 갈치는 억울했다. 정말로 그냥 게임만 딱 한 시간 하려고 피시방에 갔었다.

피시방 주인이 모두가 들을 수 있는 큰 목소리로 말하자, 참치는 얼굴이 화끈 달아올랐다.

그런데 갈치가 눈치도 없이 투덜댔다.

"뭐야, 돈 없어? 나 게임하고 싶은데……."

"네가 내 용돈까지 쓰니까 그렇잖아!"

참치는 버럭 짜증을 냈다. 갈치의 얼굴이 빨개졌다.

"갚을 거야, 갚는다고! 나도 집에 가면 돈 많거든!"

피시방에 참치와 갈치가 다투는 소리가 울려 퍼졌다.

"학생들, 여기서 이러면……."

피시방 주인이 참치와 갈치를 말리려는데, 다른 손님이 주인을 불렀다.

"사장님, 이 컴퓨터 갑자기 이상해요. 와서 좀 봐 주세요."

순간 피시방 주인이 안절부절못했다.

"어쩌지, 알바가 갑자기 그만둬서. 난 잘 모르는데……."

"뭔데요? 제가 볼게요."

갈치는 컴퓨터라는 말만 들으면 귀가 쫑긋 섰다. 워낙 컴퓨터를 좋아해서 컴퓨터도 직접 조립해서 샀고, 코딩 대회에서 상을 받기도 했다. 학교에서도 컴퓨터에 문제가 생기면 선생님들은 갈치를 먼저 찾았다. 그래서 피시방 컴퓨터를 고치겠다고 불쑥 나선 것이다.

헐레벌떡 피시방으로 달려간 루이는 피시방 주인에게 사과하고 아이들을 나무랐다.
"너희 때문에 내가 못 산다."
"형, 우린 돈 벌어서 독립하려고 한 것뿐이야."
"맞아, 먼저 일하라고 하더니, 아저씨가 약속을 어겼어."
대호와 갈치가 씩씩거리며 억울한 사정을 말했다.
"됐어. 쓸데없는 일 벌이지 말고 집에 가서 공부나 해."
루이는 한숨이 나왔다. 부모님이 계셨다면 대호가 더 잘 컸을까, 하는 생각까지 들었다. 그런 생각을 하는데 부모님의 손을 잡고 오는 아싸를 보니 아싸네 가족이 부럽고 대호한테 미안했다.
그런데 루이를 본 아싸가 엄마, 아빠의 손을 휙 뿌리쳤다.
"집에 안 간다고!"
말은 그렇게 하면서도 아싸는 집 안으로 들어갔다.

"왜, 저번에 라후드 씨가 아싸 사춘기라고 그러셨잖아요. 그동안 잘 몰랐는데 아싸도 확실히 사춘기 맞네요. 사춘기 때는 남들이 보는 데서 부모님 손 안 잡으려고 하잖아요. 대호도 그랬어요. 특히 친구들 앞에서 제 손은 안 잡았죠."

"왜요?"

"사춘기 때는 어린아이처럼 보이기 싫어하잖아요. 부모님 말 안 듣고, 간섭하는 거 싫어하고, 하지 말라는 짓만 골라서 하고. 이럴 땐 오히려 어른처럼 대접해 주어야 한다고 그러더라고요. 부모로부터 독립하려는 시기니까 어쩔 수 없……."

루이는 문득 깨달았다. 루이는 대호와 갈치를 어른처럼 대해 주었어야 한다고. 피시방에서 왜 일을 하겠다고 졸랐는지 사정을 들어 주고, 아직 일을 할 수 없는 이유를 설명해 주어야 했다는 걸. 루이는 아이들에게 미안해졌다.

"어휴, 또 고깃값 들겠네. 미안하면 고기 사 줘야 하거든요."

"고기요?"

라후드가 물었다.

고기와 사춘기가 무슨 상관이지? 라후드는 갸웃거렸다. 아우린 중에서는 지구 문명을 가장 잘 아는 라후드지만 지구인은 여전히 참 이해하기 힘든 존재였다.

며칠 뒤 루이는 아이들을 위해 또 고기 파티를 열었다.

보고서 84
사춘기 지구인에게는 가족이 필요하다

작성자: 라후드

★ 도됴리 감시 임무를 잠시 소홀히 한 틈에 도됴리의 그림자가 지구 TV에 나옴. 그냥 눈에 띄는 것도 위험한데, 수천만 명의 지구인이 볼 수 있는 TV에 등장하는 건 매우 위험한 행동임. 도됴리를 찾기 위해 지구의 분수 42곳을 돌아다녀야 했음.

★ 루이에게 도됴리가 사춘기라고 한 건 불필요한 의심을 피하기 위해서였으나, 도됴리는 정말 사춘기 외계인 같음. 하지 말라는 행동은 더 하고, 위험하다고 말려도 도무지 말을 듣지 않음. 아우레로 돌아가면 호리호리 행성을 탐사해 봐야겠음. 가장 지구인 같은 외계인들이 살고 있을지도 모름.

★ 사춘기 지구인들이 늘어난 뒤, 루이는 옥상에서 자주 고기를 구워 먹음. 먹성 좋은 동생과 친구들 때문에, 루이는 먹는 것보다 굽느라 더 바쁜 것 같음. 늘 돈이 부족하다며 걱정하는 루이지만, 사춘기 동생들의 식비는 아끼지 않는 편. 눈치 없는 도됴리는 자리를 가리지 않고 지구인들의 일상에 접근하고 있음. 도됴리에게 '외계문명탐구클럽' 가입을 권유해 볼지 고민됨.

사춘기 지구인들은 부모에게서 독립하고 싶다

- 지구인은 특정 기간 부모의 돌봄을 받아야 함. 그러다가 두 번의 독립을 선언하는데, 첫 번째는 혼자 아무것도 하지 못했던 시기에서 성장해 모든 것을 직접 하려는 '신체적 독립', 두 번째는 자신의 생각대로 행동하려고 하는 '심리적 독립'임. 지구인들의 신체적 독립은 보통 3살, 심리적 독립은 사춘기 무렵부터 나타남.

- 심리적 독립이 사춘기 때 나타나는 이유는 급격한 신체적, 정신적 발달 때문. 신체가 성인과 비슷한 수준으로 성장하고, 자의식도 발달하면서 스스로를 부모에게 의존하지 않아도 되는 어른으로 여기는 것. 사춘기 때는 '테스토스테론'이 많이 분비되는데, 이 호르몬은 뇌에서 분노, 불안 같은 부정적인 감정을 처리하는 '편도체'를 자극하기 때문에 부모님에게 반항하거나 거친 행동을 하게 됨. 특히 남자 사춘기 지구인은 테스토스테론의 수치가 성인에 비해 30배 이상 높음.

- 이 이유로 사춘기 지구인들과 부모들 사이에 다툼이 자주 벌어짐. 이때 무작정 다그치거나 억압하면 사춘기 지구인들의 부정적 감정을 자극해 위험 행동으로 이어질 수 있음. 대화와 소통으로 유대감을 쌓는 방법이 반항심을 줄이는 데 더 효과적임. 실제로 가족을 중요하게 생각하는 청소년일수록 반항과 폭력 등 위험 행동 수준이 낮다는 실험 결과도 있음.

사춘기 지구인에게는 사회적 보상이 중요하다

- 사춘기 지구인들은 유난히 '보상'에 크게 반응함. 지구인들을 어린이, 청소년, 성인으로 나눠서 돈이나 칭찬 등의 보상을 받으면 활성화되는 '측좌핵'을 관찰함. 제시되는 그림 중 실험 조건에 맞는 그림을 고르면 보상을 받는 실험이었는데, 나머지 두 그룹에 비해 청소년 집단의 측좌핵이 보상을 받을 때 눈에 띄게 활성화되었고, 보상이 클수록 반응도 더 활발했음.

- 지구인들이 좋아하는 보상의 종류는 다양하지만, 사춘기 지구인들은 칭찬, 공감, 인정 같은 '사회적·감정적 보상'을 특히 중요히 여김. 지구인들을 대상으로 10살과 13살에 한 번씩 다양한 표정의 얼굴 사진들을 보여 주며 뇌를 관찰한 결과, 10살일 때보다 13살이 된 지구인들의 뇌에서 측좌핵이 위치한 '복측 선조체'와 보상을 기대할 때 반응하는 '복내측 전전두 피질'이 크게 활성화되었음. 즉 사춘기 지구인은 상대방이 보이는 감정을 중요하게 여기는 것.

감정적 보상에 반응하는 사춘기의 뇌
복내측 전전두 피질
복측 선조체
©Wikimedia Commons

설거지를 깨끗하게 해놓으면 엄마가 웃는 모습을 볼 수 있겠지?

- 사춘기 지구인들이 특별하게 생각하는 보상 중 하나는 '친구들의 평가'임. 그래서 친구들에게 인정받을 수 있는 옷을 입고, 음악을 듣고, 게임을 하곤 함. 이렇게 친구들이 행동에 영향을 주는 것을 '동료 압력'이라고 부름.

다른 사람이 보는 모습이 진짜 나일까?

지구인들은 타인이 보는 '나'의 모습을 실제 자신의 모습으로 생각하기도 한다. "살이 좀 찐 것 같다."라는 누군가의 말에 자기 자신을 뚱뚱하다고 생각해 수치심을 느끼기도 하고, "너는 말을 참 예쁘게 한다."라는 말을 듣고 스스로를 친절한 사람이라 생각하기도 한다. 이처럼 마치 거울로 자신의 모습을 보듯, 타인의 시선으로 자기 자신을 생각하는 지구인들의 특성을 두고 '거울 자아 이론'이라고 부른다. '거울 자아'는 지구인들을 바르고 멋지게 만드는 데 도움을 주기도 하지만, 남들의 시선에만 빠지게 되면 진짜 자기 자신을 못 보게 될 위험도 있다.

맞아요. 난 재미없는 사람인가 봐요.

에이에이 씨는 정말 지루한 사람인 것 같아요~

5

도로 위의 영웅, 생선파

정의감에 불타는 지구인들

갈치 엄마는 벌써 몇 번이나 루이의 집을 찾아왔다. 하지만 갈치를 만나지는 못했다. 처음 온 날은 갈치가 집에 있으면서도 엄마 만나기를 거부했다. 다음에 왔을 때 갈치는 아예 집에 없었다.

"집 나가더니 학원도 안 가고, 노느라 아주 신났나 봐."

엄마는 한숨을 쉬었다. 미안하고, 속상하고, 서운하고, 화도 나고, 그 무엇보다 솔직히, 아들이 보고 싶었다. 서로에게 서운한 점을 말하고 형하고도 화해를 할 수 있으면 좋으련만, 현실은 고기를 잔뜩 싼 보따리와 한정판 운동화를 놓고 가는 일밖에 할 수 없었다.

잠시 뒤 루이네 집에 돌아온 갈치는 식탁에 놓인 한정판 운동화를 보고 주위를 두리번거렸다. 엄마가 또 왔다 가셨나?

"갈치야, 그 신발 신고 그만 집에 가라. 형 힘들다."

루이가 장난스럽게 갈치를 구박했다. 그러자 갈치는 보란 듯이 운동화를 바닥에 내팽개쳤다.

"이런다고 내가 집에 갈 줄 알아요?"

참치는 눈치 없이 바닥에서 운동화를 날름 챙겼다.

"그래? 그럼 내가 신는다?"

"누가 안 신는대?"

갈치는 참치에게서 도로 운동화를 빼앗았다.

"참치야, 생선파 다 부르자. 자전거 타고 놀러 가자."

생선파는 순식간에 모여 우르르 자전거를 끌고 나갔다.

그리고 마침 외출했다가 돌아오는 일 원장과 하나를 지나쳤다. 참치는 자전거를 속도를 조금 줄이며 일 원장에게 고개를 숙여 꾸벅 인사하고, 한 손은 살짝 펼쳐서 하나에게 안녕, 인사했다. 하나도 손을 살짝 흔들었다.

자전거들이 쫘 하고 멀어지자 일 원장이 말했다.

"어머, 요즘 대호가 학원을 자꾸 빼먹더니, 저렇게 친구들이랑 몰려다니느라 그랬구나?"

"친구들이랑 노는 게 어때서요?"

"저렇게 몰려다니다가 사고 내니까 그러지."

"엄마!"

하나는 발끈했다. 엄마도 다른 엄마들이랑 몰려다니며 카페에 가고, 할머니도 친구들 모아서 함께 여행을 다니는데, 왜 중학생들이 몰려다니면 안 좋게만 보냔 말이다!

"사고를 왜 내요? 대호가 나쁜 애도 아니고. 친구들이랑 좋은 일을 하고 다닐 수도 있잖아요!"

일 원장은 딸의 날카로운 반응에 한 걸음 물러났다.

"그래, 뭐, 그럴 수도 있겠지. 근데 너, 왜 그렇게 대호 편을 들어? 혹시 대호 좋아해?"

"아, 아니거든요!"

하나는 펄쩍 뛰었다. 딸은 물론이고 일등학원 학생들 모두에게 '연애 금지'를 외치는 엄마에게 마음을 들켰다가는 피곤해질 게 뻔했다.

하나가 얼굴이 벌게지도록 대호를 변호하고 있을 때, 대호와 생선파는 자전거 속력을 올리느라 얼굴이 벌게져 있었다.

"좀 천천히 가자. 위험해~."

맨 뒤에서 힘겹게 쫓아가던 멸치가 소리쳤다.

바로 그때, 생선파의 자전거 뒤로 급하게 코너를 돌던 트럭에서 상자가 와르르 떨어졌다. 생선파는 깜짝 놀라 자전거를 멈추었다.

트럭 운전사가 차에서 뛰쳐나왔다. 운전사는 부서진 상자와 흩어진 사과들을 주워 담기 시작했다. 얼른 치워야 하는데, 시간이 꽤 걸릴 것 같았다. 참치는 주위 사람들을 돌아보았다. 누구도 선뜻 나서지 않고 있었다.

"좀 도와드릴까? 여럿이 하면 금방 치울 수 있을 것 같은데."

"좋아, 모두 출동~!"

생선파는 떨어진 사과와 상자를 줍기 시작했다.

사람들의 도움으로 도로는 곧 깨끗해졌다. 트럭 운전사는 꾸벅 허리를 숙였다.

"여러분, 감사합니다. 앞으로 안전 운전 하겠습니다."

트럭 운전사는 생선파에게 따로 또 인사를 건넸다.

"얘들아, 고맙다. 덕분에 금방 수습했어."

"그러게, 애들이 수고했네요. 대견하다."

함께 도운 어른들도 생선파를 칭찬했다.

"저희는 당연한 일을 한 것뿐인데……."

생선파는 머리를 긁적이며 말끝을 흐렸다. 말은 그렇게 했지만, 사실 속으로는 굉장히 뿌듯했다.

꽁치의 자랑 덕분에 생선파의 선행은 금세 유명해졌다. 갈치의 형도 꽁치의 남스타그램에 올라온 사진을 엄마에게 보여 주었다.

"우리 아들 멋있네. 얼른 집에 오면 더 멋있을 텐데……."

"걘 남의 집에 왜 그렇게 오래 있는대요? 완전 민폐잖아."

형은 퉁명스럽게 말했지만, 사실 시끌벅적한 갈치가 집에 없으니 허전했다. 엄마는 한 번 더 갈치를 데리러 나가 보았다.

"엄마 사과 받아 준다는 뜻이지? 고마워."

갈치는 엄마 옆에 서서 나란히 걸으면서도 투덜거렸다.

"그래도 엄마 좀 너무했어요. 서운했다고요."

"그랬어? 형한테 먹을 거 몰아줘서? 운동화 줘서? 형이 키가 너보다 작으니까 뭐라도 주려고 그런 거지."

"누가 뭐래요?"

"알았어. 이제 네가 다 정해. 형도 이해할 거야."

"됐어요."

"진짜야. 그동안 엄마가 네 마음을 너무 몰랐던 것 같아."

갈치는 엄마의 사과를 조금 받아들이기로 했다.

"그냥 형이랑 반반씩 결정할게요."

"그럼 고기 마지막 한 점은 이제 꼭 네가 먹어. 알았지?"

"갑자기 왜 그래요? 알아서 할게요. 형 키가 나보다 너무 작은 것도 별로야."

말은 그렇게 하면서도 갈치의 얼굴에는 슬쩍 미소가 떠올랐다. 엄마는 갑자기 걸음을 멈추고 감동한 눈빛으로 갈치를 쳐다보았다. 그러더니 갈치의 엉덩이를 토닥였다.

비범한 지구인은 존재한다

작성자: 오로라

★ 대호의 친구들 때문에 감시해야 할 지구인들이 더 많아졌고, 불쑥 튀어나오는 지구인을 본능대로 공격하지 않기 위해 차분해져야 함. 원래 0.005초였던 반응 시간을 0.1초까지 늘리기 위해 노력 중. 탐사대의 경계가 느슨해진 틈을 타 생선파들 사이에 숨어 침입하는 우주국 비밀 요원이 있을지도 모르니, 조심 또 조심!

★ 대호는 몰입하는 힘이 있는 것으로 판단됨. 예전 본부에서는 한동안 게임에 몰입하더니, 이곳에 온 뒤로는 공부에 몰입했음. 그리고 요즘은 친구들과 자전거 타기에 몰입하고 있음. 대호의 다음 몰입 주제가 외계인이 아니길 바람.

★ 지구인들은 모르는 사람들까지 자신의 행동을 알아주기를 바람. 예전에 도로에서 루나를 구한 보스는 자신의 선행이 널리 알려지자, 각종 TV와 라디오의 인터뷰 요청에 부지런히 응했음. 생선파는 자신들의 선행을 매우 뿌듯해하며, SNS에 올려 자랑함. 지구인들은 다른 사람의 관심을 받는 것을 대체로 즐김.

★ 드디어 대호의 친구가 집으로 돌아감. 매우 다행임. 앞으로 옥상이 지구인들의 고기 파티에서 해방될 것을 기대함. 그리고 대호의 친구들이 다시는 '가출'이라는 선택을 하지 않기를 바람.

지구인은 슈퍼 히어로를 꿈꾼다

- 지구에는 '슈퍼 히어로'가 등장하는 영화들이 인기가 많음. 총알이 날아와도, 절벽에서 뛰어내려도 절대 죽지 않는 영웅이 악당을 무력으로 무찌르는 이야기가 대부분인데, 이런 영화들이 인기 있는 이유는 지구인들에게 영웅이 되고자 하는 심리가 있기 때문. 특히 자신을 특별하게 여기는 사춘기 지구인들은 자신을 그런 영화 속 주인공으로 생각하며 위험 행동을 할 때도 있음(※보고서 24 참고).

- 보고서 84에서 말했듯, 지구인들에게 사춘기는 공격성을 자극하는 호르몬인 테스토스테론이 많이 분비되는 시기이기도 해서 지구인들의 영웅 심리가 폭력으로 나타날 수도 있음. 실제로 대한민국의 한 지역에서 중·고등학생들을 대상으로 학교 폭력의 원인을 설문 조사한 결과, 46.1%가 '선후배, 친구 사이에서 힘을 과시하려는 심리 때문'이라고 답함.

- 사춘기 지구인의 영웅 심리가 폭력적으로 나타날 경우 아우린에게도 위험 요소로 작용할 수 있음. 그러니 폭력적인 행동을 하는 가짜 영웅이 아닌, 타인을 돕는 진짜 영웅들의 모습을 사춘기 지구인들에게 보여 줄 방법을 찾아야 함.

정의로운 지구인의 뇌는 다르다

- 이타적이고 정의로운 행동을 하는 지구인의 뇌는 그러지 않는 지구인의 뇌와 모습이 다름. 가상 현실 속 불이 난 상황에서, 무거운 물건에 깔려 탈출하지 못한 지구인을 발견했을 때 실험 참가자들의 반응을 관찰하는 실험을 했음. 그 결과 위험에 처한 지구인을 구하려고 한 참가자들의 뇌에서는 도덕적 감정을 지배하는 '뇌섬엽'이 특히 활성화되는 것으로 확인됨.

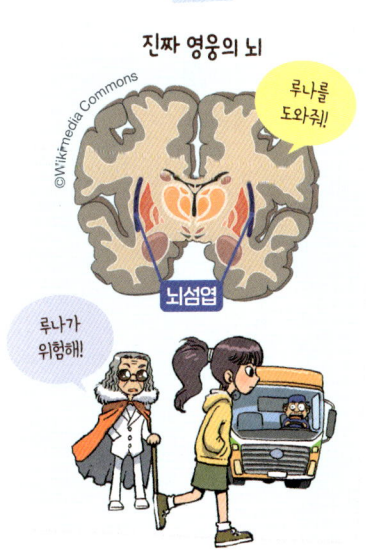

진짜 영웅의 뇌

- 지구인들의 뇌섬엽은 태어날 때부터 성인이 될 때까지 발달하고, 지구인의 이타적인 행동 또한 발전함. 어린 아기들도 어려움에 처한 타인을 도와주려 하긴 하지만 아무런 대가 없이, 자신의 희생을 감수하면서 도와주는 행동은 사춘기가 된 이후에야 가능함.
- 하지만 나이를 먹는다고 모두 정의로워지지는 않음. 영웅이 되고 싶은 지구인의 꿈은 뇌섬엽이 발달하고 이타적인 생각이 증가하는 사춘기 때 도덕적으로 좋은 경험을 얼마나 하느냐에 따라 이루어질 수도, 이루어지지 않을 수도 있음.

하인츠 딜레마

"희귀병을 앓는 아내를 치료할 수 있는 유일한 약을 살 돈이 부족했던 하인츠 씨는 죽어 가는 아내를 위해 약방을 부수고 들어가 약을 훔쳤다. 그는 잘못했을까?"
미국의 심리학자 로런스 콜버그는 '하인츠 딜레마'에 대한 지구인 어린이와 청소년 84명의 답변 변화를 3~4년에 한 번씩, 총 20년 동안 관찰했다. 그 결과 나이가 많아지면 도덕성도 성숙해진다는 결론을 짓고, 도덕성 발달 단계를 여섯 단계로 나누었다.

<콜버그의 도덕성 발달 단계>

단계	연령	내용
1단계	3~7세	벌의 회피와 복종 중시 "약을 훔치는 것은 벌을 받는 행동이기 때문에 잘못이다."
2단계	8~11세	욕구 충족과 거래 중시 "약을 훔쳐서라도 아내의 목숨을 구해야 한다."
3단계	12~17세	평판 중시 "약제사에게 해를 끼치는 것은 옳지 않다."
4단계	18~25세	법과 질서 중시 "법은 반드시 지켜야 하기 때문에 하인츠의 행동은 정당하지 않다."
5단계	25세 이상	사회 계약 중시 "사람의 목숨을 위한 일이니 절도를 용서할 방법을 찾아야 한다."
6단계	극히 소수의 지구인들	보편적 윤리 중시 "법이나 관습보다 생명이 우선시되어야 한다."

콜버그의 이론은 모두에게 적용할 수 없고, 지구인들의 예측 불허함을 담아내지 못했으니, 참고용으로만 봐라.

6

모둠 활동에서 살아남기

사춘기는 성장 중

성적에 목숨을 거는 하나는 모둠 수행 평가가 늘 불만이다. 필기 시험은 열심히 공부한 만큼 성적을 받지만 모둠 수행 평가는 모둠 운에 따라 결과가 들쑥날쑥했다.

수행 평가 모둠을 뽑을 때마다 하나는 바짝 예민해졌다. 성적에 도움이 되는 친구와 같은 모둠이 되고 싶은데, 지금까지 경험으로 보면 망할 확률이 매우 높다.

"이번 주제는 직업 인터뷰예요. 모둠별로 직업을 정하고 자료 조사를 해서 계획서를 제출하고 직업인을 섭외하여 인터뷰를 진행할 거예요."

선생님이 설명하는 동안 하나는 불안한 눈빛으로 교실을 둘러보았다. 누구랑 같은 모둠이 되면 좋을까? 참여도 안 하고 점수에도 관심 없는 애들은 피하고 싶었다. 성적에 치명적이니까. 열심히 하지도 않으면서 성적만 좋게 받으려는 애들도 탈락이었다. 얄미워서 스트레스를 받는다. 자기주장이 너무 강한 친구들도 별로다. 하나도 만만치 않게 고집이 세서 다툼이 생길 게 뻔하다. 전교 1등인 영재는 아깝지만 피하고 싶다. 점수에 도움이 된다고 해도, 그냥 기분이 나쁘다.

"어휴, 같은 모둠 되고 싶은 애가 하나도 없어."

하나의 고민이 무색하게 선생님은 이미 준비해 온 모둠 표를 칠판에 붙여 주었다.

'대호가 있으니까 운이 없지는 않은 걸로 생각하자!'

하나는 애써 좋은 쪽으로 생각했다.

하지만 모둠 활동을 시작하자마자 하나의 마음은 자꾸 좋지 않은 쪽으로 향했다.

모둠 활동은 서로 의견을 잘 맞추고, 역할 분담을 공평하게 하고, 자기 역할을 끝까지 해내야 성공한다. 하나라도 어그러지면 성적은커녕 싸움만 하다가 엉망이 된다. 특히 망하는 지름길은 처음부터 의견 조율이 안 되어서 활동을 시작도 못 하는 것이다. 그런데 이번 모둠이 딱 그랬다. 인터뷰할 직업 정하기부터 의견이 안 맞았다.

대호는 축구를 할 때나 놀 때는 자기주장이 강하고 주도적이다. 하지만 공부와 관련된 문제는 자신이 없어서 주도하는 아이들을 따라가는 편이다. 이번 모둠도 시키는 것만 하려고 했건만, 아이들의 의견이 안 맞아서 활동을 시작도 못 할 줄은 몰랐다.

"이러다 정말 망하면 어쩌지?"

대호는 모둠 활동 단체 메시지 방을 만들었다. 성적에 목숨을 거는 편은 아니지만 수행 평가를 망치고 싶지도 않았다.

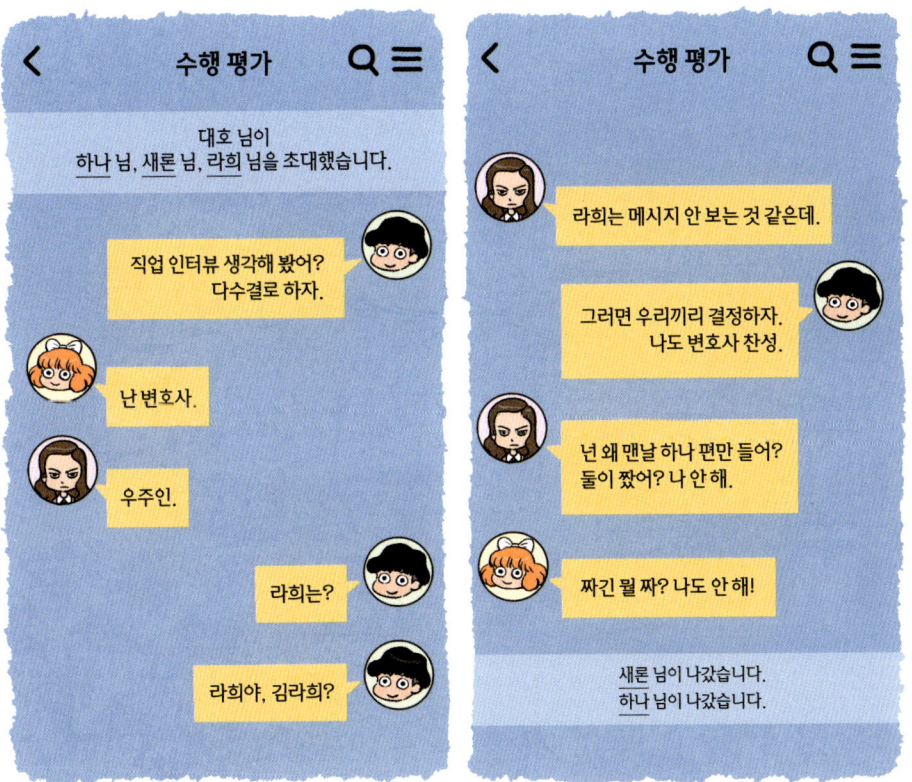

"다들 메시지 방도 나가고, 진짜 망하자는 건가?"

대호는 불안했다. 하나에게 어떻게 할 거냐고 살짝 물어보았지만 하나는 입을 꾹 다물었다. 성적을 중요하게 챙기는 하나마저 이러니 대호도 어찌할 바를 몰랐다.

사실 하나도 속으로는 불안했다. 아무것도 안 할 것처럼 말했지만 막상 수업 전날 밤이 되자 컴퓨터 앞에 앉아 보고서를 쓰고 있는 자신을 발견했다.

아무리 화가 나도 빵점 맞을 용기는 없었다.

"하긴 하는데, 내가 제일 보고서를 잘 썼을 테니까 내 마음대로 할 거야. 아니, 나만 해 왔을지도 모르니까 내 마음대로 해야지!"

하나는 꼼꼼하게 조사하고, 조사한 내용을 예쁜 글씨체로 보기 좋게 편집하고 꾸민 다음, 인쇄를 했다.

이번에는 하나의 예상이 맞았다. 하나네 모둠에서 직업 보고서를 제대로 써 온 사람은 하나뿐이었다. 물론 대호도 써 오긴 했다. 하지만 하나의 보고서를 따라올 수 없었다.

대호는 일등학원 원장님을 인터뷰하겠다는 보고서를 써 왔다. 새론이는 대호의 보고서를 보지도 않고 반대했다.

"난 학원도 싫고 학원 선생님도 싫어."

"나도 학원 선생님 인터뷰는 안 하고 싶어."

엄마를 인터뷰하고 싶지 않은 하나가 처음으로 새론이의 의견에 찬성했다.

"그러면 다른 직업 찾아 볼까? 나도 그냥 쉽게 인터뷰할 수 있는 사람 찾은 거거든."

대호마저도 자신의 보고서를 탈락시키는 데 찬성하면서 하나의 모둠은 처음으로 의견을 모았다. 이제 남은 보고서는 하나가 쓴 것뿐이었다. 하나는 당당하게 보고서를 내밀었다.

"내가 쓴 보고서로 하자. 변호사로."

하나도 큰소리를 내고 말았다. 그러자 선생님이 다가왔다.

"모둠 활동은 배려와 협력이 중요해. 서로 의견에 귀를 기울여야 더 좋은 결과가 나오지. 그것도 평가 항목이야. 알겠니?"

하나는 선생님 때문에 화도 못 내고 입술만 깨물었다.

배려와 협력, 귀 기울이기는 하나에게도, 다른 아이들에게도 어려운 분야였다. 하나는 모둠 활동으로 어떻게 그런 마음을 키울 수 있는지도 몰랐고, 키우고 싶지도 않았다. 누구는 열심히 해도 운이 없어서 점수가 깎이고 누구는 대충 해도 모둠을 잘 만나서 점수를 잘 받는 것 같아서 억울했다.

이대로 말다툼만 하다가 끝나나 싶었을 때 대호가 나섰다. 대호는 새론이에게 물었다.

"변호사 싫은 이유는 알겠어. 우주인이면 인터뷰할 거야?"

"당연하지."

새론이가 무뚝뚝하게 대답했다. 대호는 하나에게도 물었다.

"난 변호사도 괜찮은데, 사실 새론이의 의견도 이해는 가. 공부를 너무 잘해야 하는 직업은 어차피 우리가 못 할 것 같아서 관심이 없거든. 하나 너도 괜찮으면, 우주인으로 해 보는 건 어때?"

하나는 딱히 반대할 명분도 없고, 빤히 쳐다보는 대호에게 반대하기도 싫어서 그만 양보해 주었다.

결국 하나네 모둠은 아무것도 결정하지 못한 채 직업 인터뷰 발표 전날을 맞이했다. 반 아이들은 대부분 이미 인터뷰를 끝내고 발표 준비를 하고 있었다.

영재네 모둠은 의사인 영재의 이모부를 인터뷰했고, 유정이네 모둠은 유정이 이모 친구인 수영 선수를 인터뷰했고, 세아네 모둠은 인터뷰할 사람을 찾다가 오늘 초등학교 때 선생님을 찾아간다고 그랬다.

"망했어. 난 처음으로 D 맞을 거야."

하나가 멍한 눈으로 털썩 주저앉았다.

하나는 벌써 D를 맞은 것처럼 눈물을 글썽거렸다. 새론이는 자기 책임이 아니라며 눈을 부라렸다. 라희는 어깨만 으쓱할 뿐이었다. 대호만이 아직 포기하지 않았다.

"일단 현실적으로 가능한 인터뷰 대상을 찾아서 인터뷰하면 되잖아. 그러면 내일 발표도 잘할 수 있을 거야. 안 하는 것보다는 낫잖아."

대호가 격려하듯 말했다.

"인터뷰할 사람이 없는데?"

하나는 힘없이 말했다.

대호는 주변 사람들을 떠올렸다. 일등학원 원장님은 싫다고 했으니 안 되고, 루이 형은 대호가 슬쩍 물어봤을 때 부끄럽다며 거절했다. 윗집 라후드 아저씨는 백수인 것 같고, 오로라 아줌마는…….

"동물병원 어때? 우리 윗집 아줌마가 동물병원에서 수의사 보조로 일해서."

"어? 나 동물 좋아해."

처음으로 라희가 의견 비슷한 것을 냈다. 하나는 뭐든 수행 평가만 할 수 있다면 좋았다. 새론이도 반대를 하지 않았다.

"지금 가 보자. 동물병원 여기서 가까워."

115

 오로라는 자신에 대해 캐묻는 질문을 허락하지 않는다. 정체를 들킬 가능성이 있으므로. 하지만 직업에 대한 질문이라면 상관없었다.

 "알았다. 질문해라. 단, 일에 관해서만이다."

 오로라는 냉정하게 말했지만 아이들은 좋아했다.

 "와, 고맙습니다~!"

 "우리들의 구세주세요!"

 인터뷰를 마치고 나오는 아이들의 얼굴에 웃음이 흘렀다. 미리 준비힌 질문지가 없어서 생각나는 대로 물었는데, 인터뷰가 꽤 잘된 것 같았다.
 "진짜 재미있는 아줌마다. 보통 어른들하고는 뭔가 달라. 꼭 외계인 같달까?"
 라희의 말에 모두가 깔깔 웃었다. 이번 모둠 활동 중 처음으로 나온 웃음이었다.

"인터뷰 정리랑 발표는 누가 할까?"

아이들과 헤어지기 전에 하나가 물었다.

"하나 네가 해."

새론이가 말했다.

예상한 대답이었다.

모둠 활동에서는 언제나 성실한 하나만 제일 많은 일을 한다. 점수는 다들 비슷하게 받을 거면서! 불공평하다고 하나가 막 불평하려는데, 라희가 툭 말했다.

"하긴, 하나가 제일 잘하니까. 믿음직하지."

평소 라희의 태도로 봤을 때, 이 정도면 굉장한 관심과 칭찬이었다.

하나는 잠깐 혼란스러웠다. 칭찬을 받았다고 덥석 하면 손해 아닌가? 그런데 왜 기분이 나쁘지만은 않지? 게다가 대호까지 이렇게 말하는 게 아닌가!

"하나야, 네가 하면 나도 도울게. 우린 집도 가까우니까 뭐든 필요하면 말해."

하나는 그만 고개를 끄덕이고 말았다. 미소까지 지으면서.

"그래, 제일 잘하는 내가 해 올게."

여전히 손해 본다는 느낌은 들었지만, 이상하게도 조금 손해 보면 어때, 라는 생각도 들었다.

하나는 대호와 함께 집에 걸어오며 물었다.

"우리 모둠, 진짜 망할 줄 알았는데, 그래도 잘돼서 다행이야. 다 네 덕분이야. 넌 사람들하고 되게 잘 지내는 것 같아. 어떻게 그래?"

"헤헤. 내가 많이 놀아서 그렇지. 생선파랑 엄청 놀러 다닐 때, 처음에는 내 마음대로만 하려다가 많이 싸웠거든. 근데 여럿이 재미있게 놀려면 서로 양보하고 봐주고 그래야 되더라고. 내가 몇 번 양보해 주면 상대방도 그만큼 져 주고. 뭐, 그런 것 같아."

하나는 찬찬히 말하는 대호가 무척 어른스러워 보였다.

보고서 86
지구인들의 장래 희망 찾기

작성자: 오로라

★ 지구인들은 마음먹은 대로 일이 풀리지 않을 때, 여러 수단을 동원하여 자신의 감정을 주변에 알리려고 함. 며칠간 하나의 문 닫는 소리 때문에 건물 전체가 울리고 있음. 지구인 한 명의 힘은 그다지 세지 않으나, 감정을 담아 쾅쾅 여닫는 문소리는 벽을 타고 온 건물에 퍼질 정도로 힘이 대단함.

★ 하나의 분노 이유를 알아본 결과, 예전 유니처럼 이번에도 학교 친구들 때문으로 밝혀짐. 하나는 학교 과제를 하는 과정에서 친구들과 갈등이 생김. 각자 이유는 다를지 몰라도, 사춘기 지구인들은 친구들과의 관계에 따라 감정의 동요가 매우 큰 것 같음.

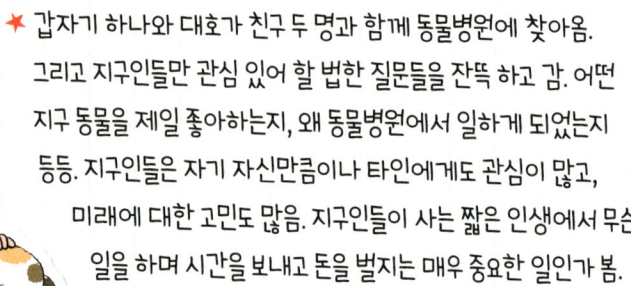

★ 갑자기 하나와 대호가 친구 두 명과 함께 동물병원에 찾아옴. 그리고 지구인들만 관심 있어 할 법한 질문들을 잔뜩 하고 감. 어떤 지구 동물을 제일 좋아하는지, 왜 동물병원에서 일하게 되었는지 등등. 지구인들은 자기 자신만큼이나 타인에게도 관심이 많고, 미래에 대한 고민도 많음. 지구인들이 사는 짧은 인생에서 무슨 일을 하며 시간을 보내고 돈을 벌지는 매우 중요한 일인가 봄.

'나'는 누구인가 고민하는 지구인들

- 지구인들은 미래에 대해 생각할 때 '자아 정체감'을 중요시함. 이는 지구인이 자기 자신에 대해 '나는 누구인가'를 인식하는 감정을 가리키는 말로, 욕구와 능력, 사회에 대한 생각, 집단의 성격 등 다양한 요소들로 이루어짐. 주로 사춘기에 이런 자아 정체감이 발달한다고 함. 미국의 심리학자 제임스 마르시아는 사춘기 지구인들의 자아 정체감 발달 상태를 네 가지로 나누었음.

- 자아 정체감 형성에는 본인의 노력뿐만 아니라 타인의 기대와 같은 사회적인 측면도 크게 작용함. 특히 부모의 지지와 격려 등은 긍정적인 자아 정체감을 확립하는 데 결정적인 역할을 함. 대학생 지구인 430명을 조사한 결과, 부모와의 애착이 클수록 삶의 만족도가 높았고, 긍정적인 자아를 형성하는 것으로 보였음.

무리 생활을 하는 지구인

- 지구인들은 스스로를 '사회적 동물'이라 부름. 그만큼 서로 모여 무리 지어 생활하기를 좋아함. 지구인들 대부분은 자신이 속한 집단에 애정을 갖고 그 집단만의 행동 양식을 열심히 따르려고 함. 타인이 자신과 같은 집단인지 아닌지 구별하는 능력도 있음. 감각이 둔하다고 생각했던 지구인들은 사소한 얼굴 표정, 말투, 습관, 몸짓 등으로도 집단을 구분함. 지구인의 감각은 생각보다 예민한 편!

- 태어나면서부터 자기 집단에 애정을 보이는 지구인들은 학교를 가면서 처음으로 가족이 아닌 다른 지구인들의 집단에 들어가게 됨. 학교에서 만나는 또래 집단의 활동을 통해 다양한 사회적 해결 능력과 협동심, 가치관 등을 형성함. 이 시기는 지구인이 향후 어떤 어른이 될지 결정하는 데 많은 영향을 줌.

장래 희망을 찾는 법

- 지구인들은 어릴 때부터 '커서 뭐가 되고 싶냐'는 질문을 자주 받음. 이 질문을 받으면 보통 무슨 '직업'을 가진 사람이 되어야 할지 고민함. 하지만 아직 어린 지구인들은 무슨 직업이 있는지도 정확히 모를뿐더러, 장래 희망이 없는 경우, 이런 질문 자체가 스트레스로 다가옴.
- 하지만 덴마크에서는 큰 스트레스를 받지 않고 장래 희망을 찾을 수 있음. 덴마크의 학교에서는 영어, 수학, 과학 같은 과목에 더해 영화, 사진, 철학, 공예 등을 가르쳐 학생들이 좋아하는 일을 찾도록 도와줌. 게다가 원하면 졸업을 바로 하지 않고 1~2년 학교에 더 머물며 다른 과목을 공부하며 진로를 탐색할 수도 있음. 지구인들에게 '직업'보다 '무엇을 좋아하는지' 발견할 시간을 주는 것. 사춘기 지구인이 장래를 고민하고 있다면, "어른이 되었을 때 뭘 하면 행복할 것 같아?"라고 질문해 보길. 그 지구인은 큰 도움을 받았다고 생각할 수 있음.

평생 어린이로 사는 지구인

『피터 팬』의 삽화

빨리 어른이 되고 싶어 하는 사춘기 지구인들과 달리, 평생 어린이로 살고 싶어 하는 지구인들도 있다. 이들은 신체적으로는 어른이 되었지만, 정신적으로는 여전히 부모에게 의지하거나 직업을 갖기 두려워하고, 미래보다 과거를 떠올리기 좋아한다. 이러한 지구인들을 가리켜 미국의 심리학자 댄 카일리는 '피터 팬 증후군'이라는 이름을 붙였다. 이는 영원히 나이가 들지 않는 동화 속 주인공 '피터 팬'의 이름을 딴 것이다.

7

예측 불허 사춘기

영재는 주사가 너무 무섭다. 아프지 말라고 맞는 예방 주사를 맞을 때마다 스트레스로 더 큰 병에 걸릴 것만 같았다.

주사도 주사지만, 제일 무서운 건 피였다. 넘어져서 생긴 작은 상처에 나는 피도 무서운데, 주사기로 피를 뽑는 혈액 검사는 정말 최악이다. 초등학생들도 아무렇지 않게 혈액 검사를 한다는 말은 영재에게 아무런 도움도 되지 않았다.

주사와 피가 이렇게 무서운데 수술이라도 받게 된다면? 영재는 마취가 필요 없을 것 같았다. 마취 주사를 맞기 전에 이미 기절해 있을 테니…….

이렇게 병원을 무서워하는 영재의 장래 희망은 '의사'다. 한글을 뗀 다섯 살 때부터, 전 과목을 백 점 맞고 전교 1등을 하는 지금까지 장래 희망은 변함없이 의사였다.

의사 꿈은 영재의 부모님이 정해 주었다. 초등학생 때 영재도 부모님이 좋아하는 의사가 되겠다고 했다. 지금은 딱히 장래 희망이 없지만, 하기 싫은 일이 무엇인지는 알았다.

영재는 의사가 싫다. 그러나 당연히 영재가 의과 대학에 갈 거라고 생각하는 부모님께 솔직히 말하자니 입이 떨어지지 않았다.

병원에 갔다 올 때마다 영재는 마음이 심란했다. 중학생이나 되었는데도 병원에서 무섭다고 호들갑을 떠는 것도 창피하고, 부모님께 "저 의사가 싫어요!"라고 말하지 못하는 자신이 너무 싫었다.

버스 정류장에 앉아 있는 영재 앞에 버스 한 대가 섰다.

영재는 버스를 보며 중얼거렸다. 마침 버스 정류장에 온 대호가 그 말을 듣고 물었다.

"너 바다 가? 대박~! 좋겠다!"

영재는 헤헤 웃는 대호에게 괜히 짜증을 냈다.

"좋으면 너도 가. 저 버스 타면 바다 간대."

영재는 저만치 멀어지는 버스를 가리켰다.

"진짜? 그럼 같이 가자."

대호는 영재 옆에 털썩 앉았다. 영재는 바다에 갈 생각도 없었고, 대호랑 같이 갈 생각은 더욱더 없었다. 그런 줄도 모르고 대호는 전에 갔던 바다 여행에 대해 떠들었다.

"전에 형이랑 바다에 갔었는데, 형이 호텔 예약을 못 해서 엄청 고생했어. 그래도 형이랑 여행 가니까 좋더라. 우린 여행을 자주 못 다니거든. 오늘 바다에 가 보고 좋으면 다음에 형이랑 같이 가야겠다."

학원에 가려고 버스를 기다리고 있었는데, 대호의 여행 이야기를 듣다 보니 영재도 갑자기 마음이 설레었다. 바다에 가고 싶어졌다.

영재는 학원 가는 버스를 조용히 놓쳤다. 그리고 바닷가역에 가는 버스가 도착했을 때 소리쳤다.

"왔다. 저 버스야. 바다 가는 버스."

"얼른 타자."

영재와 대호가 막 버스에 오르는데, 하나가 지나가다 대호를 불렀다.

"대호야, 어디 가?"

"우리 바다 가."

대호의 말에 순간 하나의 심장이 콩닥콩닥 뛰었다.

"바다?"

학원에 갈 아이들이 모두 바다로 향했다. 부드러운 파도가 남실거리고 깨끗한 백사장이 펼쳐진 예쁜 바닷가를 상상하며…….

하지만 막상 도착한 바다는 아이들이 상상한 그런 바다가 아니었다.

들떠 있던 아이들의 표정은 금세 시무룩해졌다.

　두 팔을 활짝 펴고 바닷바람을 들이마시는 대호를 보고 다른 아이들도 따라 했다.

"하아~, 시원하다."

　아이들은 한참 조용히 바다를 바라보았다. 파도가 들어왔다 나갔다, 또 들어왔다 나갔다……. 갑자기 대호가 소리쳤다.

"앗, 해파리다!"

"어디, 어디?"

"저기 물 위로 볼록 올라온 거."

　과연 투명한 무언가가 파도를 따라 흔들렸다. 신비롭게 반짝거리기도 하는 그것은…….

"비닐봉지 같은데?"

"맞네. 비닐봉지네."

"이런 데 진짜 해파리가 있을 리가 없잖아."

유정이와 세아가 웃으며 말했다. 비웃는 건 아니었지만 대호는 머쓱해졌다.

"쯧쯧, 누가 바다에 비닐봉지를 버렸대? 저런 쓰레기 때문에 진짜 해파리는 죽는데……. 나쁜 사람들."

하나는 대호 편을 들어주려고 쓰레기 버린 사람들을 욕했다. 뜻밖에도 영재가 하나의 말에 격하게 찬성했다.

"맞아. 사람들은 쓰레기를 너무 함부로 버려. 바다가 아무리 넓어도 그 쓰레기를 다 감당할 수 없는데. 태평양에 있는 플라스틱 섬 알지?"

"나 텔레비전에서 봤어. 너무 끔찍하더라. 빨대가 코에 박힌 바다거북도 나오고……. 이건 정말 아니다 싶었어. 지구가 뭐, 우리만의 거야? 동물들의 것이기도 하잖아."

"사람들이 지구를 다 망치고 있어. 당장 공부보다 인류의 미래를 위해서 무엇을 할까 생각하는 게 맞지 않아?"

아이들은 지구를 위해 당장 무언가를 해야 할 것 같았다.

"우리 여기 바닷가의 쓰레기를 주울까? 플로깅이라고 요즘 걸으면서 쓰레기 줍는 활동이 있는데……."

영재의 말에 모두가 동의했다.

"플로깅! 이름도 멋지네. 당장 하자."

아이들은 작은 바닷가를 천천히 걸으며, 숨은 쓰레기들까지 살살이 주웠다. 아이들의 머리를 햇빛이 반짝반짝 빛내 주었다. 그래서 너무 더웠다. 대호는 쓰레기를 모아 놓은 곳 옆에 털썩 주저앉았다가 깜짝 놀라 펄쩍 뛰며 일어났다.

"으악, 엉덩이 뜨거워."

덥고 땀이 나서 더는 참을 수 없었다.

"안 되겠다. 으아아아아아~!"

대호는 그대로 바다에 뛰어 들어갔다. 하나와 다른 친구들이 놀라서 쳐다봤다. 하지만 바다에 들어간 대호가 무척 시원하고, 신나 보였다.

쫄딱 젖은 아이들은 편의점에서 라면을 사 먹었다. 옷에서 바닷물이 뚝뚝 떨어지는 바람에 편의점 바깥의 바닥에 앉아 먹었지만, 라면은 꿀맛이었다.

"우리 해돋이 보고 내일 갈까?"

갑자기 영재가 말했다. 순간 아이들이 얼음처럼 멈췄다가 와하하 웃음을 터뜨렸다.

"좋아, 좋아. 해돋이 보고 가자~!"

"나 해돋이 한 번도 못 봤어!"

해가 넘어가는 저녁 바닷가에 해돋이를 외치는 아이들의 목소리가 높아졌다.

에필로그

지구를 정복할
냐냐 특공대

이 책을 만든 사람들

정재승 기획

KAIST에서 물리학으로 학사, 석사, 박사 학위를 받았습니다. 예일대학교 의과대학 정신과 박사후 연구원, 고려대학교 물리학과 연구교수, 컬럼비아대학교 의과대학 정신과 조교수를 거쳐, 현재 KAIST 뇌인지과학과 교수로 재직 중입니다. 우리 뇌가 어떻게 선택을 하는지 탐구하고 있으며, 이를 응용해서 로봇을 생각만으로 움직이게 한다거나, 사람처럼 판단하고 선택하는 인공지능을 연구하고 있습니다. 쓴 책으로는 <정재승의 과학 콘서트>(2001), <열두 발자국>(2018) 등이 있습니다.

정재은 글

프로젝트를 진행하는 동안 때로는 아싸로, 때로는 라후드로, 때로는 오로라나 바바, 도됴리로 끊임없이 정신을 분리하며 도서 전체의 스토리를 진행했습니다. 가 본 적 없는 아우레 행성과 직접 열어 본 적 없는 지구인의 뇌를 스토리 속에 엮어 내기 위해 엄청 열심히 공부를 해야 했습니다. 쓴 책으로 <똥핑크 유전자 수사대> <멘델 아저씨네 완두콩 텃밭> <미스터리 수학유령> 시리즈 등 다수의 어린이 책이 있습니다. 머릿속 넓은 우주가 어디로 펼쳐질지 모르는 창의력 뿜뿜 스토리텔러.

김현민 그림

일찍이 유럽으로 시장을 넓힌 대한민국의 만화가. 대학에서 산업디자인을 전공한 뒤 어릴 때 꿈을 찾아 만화가가 되었습니다. 프랑스 앙굴렘 도서전에 줄품한 것을 계기로 프랑스 출판사에서 <Archibald 아치볼드>라는 모험 만화를 만들고 있습니다. 인간이 아닌 괴물이나 신기한 캐릭터 등 상상력을 발휘할 수 있는 그림을 좋아합니다. 몸은 지구에서 벗어날 수 없지만, 머릿속은 항상 우주의 여행자가 되고 싶은 히치하이커.

이고은 심리학 자문

지구인들의 심리를 과학적으로 설명해서 보여 주는 것이 취미이자 특기인 인지심리학자. 부산대학교에서 심리학으로 학사, 인지심리학으로 석사와 박사 학위를 받은 뒤, 강의와 연구를 하고 있습니다. 과학 웹진 <사이언스 온>에서 '심리실험 톺아보기' 연재를 시작으로 각종 매체에 심리학을 소개해 왔으며, <마음 실험실>(2019), <심리학자가 사람을 기억하는 법>(2022)을 펴낸 과학적 스토리텔링의 샛별.

16권 미리보기

아우린들에게 다음은
무슨 이야기가 펼쳐질까?

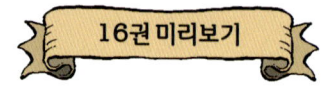

알면 알수록 더 복잡한 지구인의 마음을 아우린은 완벽히 이해할 수 있을까?

이리 치이고 저리 치여도, 사랑하고 싶은 마음

    이성으로 꽁꽁 무장한 아우린에게 지구인의 마음은 아직도 어렵다. 그 중에서도 가장 이해하기 어려운 감정이 하나 있으니…….

    바로 '사랑'이라는 것. 어디에나 존재하면서 어디에도 존재하지 않는 그것을 지구인들은 노래로, 영화로, 드라마로, 책으로 만들어 듣고, 쓰고, 보고, 읽는다. 사랑이 도대체 뭐길래 지구인들을 행복하게 만들기도, 고통스럽게 만들기도, 때로는 용감하거나 소심하게 만들기도 하는 것일까? 지구인들에게 이런 마음은 왜 생기는 것일까? 게다가, 비이성적인 지구인들은 자신이 사랑에 빠졌음을 선언하면 더욱더 비이성적으로 되는 것만 같은데!

    "그 친구만 보면 마음이 콩닥거리는데, 왜 그러는지 모르겠어요."

    "심장은 원래 뛴다."

    "평소보다 더 빨리, 세게 뛴다니까요."

"그러면 병원에서 심장 검사를 받아 봐라."
"설마…… 제가 그 애를 좋아하는 걸까요?"
지구인의 마음은 안 그래도 어려운데 이런 질문까지 하면 어떡하라고~!
좋아하는 사람이 생겼는데, 어떻게 말해야 할지 모르겠다는 지구인, 마음이 같은 줄 알았는데 혼자만의 착각이었다고 슬퍼하는 지구인, 사랑이 어떻게 변하냐는 지구인까지! 지구인의 마음은 원래 시시때때로 변하는 게 아니었나?!
"오로라 씨는 아싸를 정말 사랑하시는 것 같아요. 그렇게 귀여운 아들이니 사랑스러울 수밖에 없죠~."
아우린에게 이런 말도 안 되는 소리까지 하다니!
아우린들이 관찰하는 지구인들의 "사랑" 이야기가 16권에서 이어집니다.

『인간 탐구 보고서』 5주년을 맞이해
특별히 준비했다!

차 례

아우레 행성 타임라인
144

외계인 캐릭터 탐구 보고서
148

정재은 작가님 인터뷰
172

김현민 작가님의 외계인 캐릭터 탄생 이야기
180

정재승 교수님 인터뷰
192

모의고사: 인간 탐구 영역
198

특별판 특대호

아우레 행성 타임라인

아우레 행성 **타임라인**

풍야쿵 장군, 쿠와 함께 아우레로 귀환!

아우레의 거대 도서관 '키벨레' 설립

약 5만 년 전

인공 항성 '헬리오' 발사

쿠, 인피니티의 초울트라 에너지에 노출되다

약 4만 년 전

우주 최고의 인공 지능 인피니티 탄생

헬리오 폭발! 키벨레 추락!

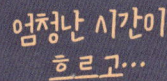

특별판 특대호

외계인 캐릭터 탐구 보고서

오로라

 첫 대사 모두 동작 그만! 이곳에서 외계의 방사선과 음파가 감지됐다.

- 눈이 네 개 (뛰어난 관찰력의 원천?)
- 빈틈없이 계획적
- 군인답게 흐트러짐 없는 꼿꼿한 자세
- 목표 지향적
- 젤리처럼 투명한 몸
- 비상시를 대비해 항상 지니고 다니는 무기

 외계인 오로라

아우레 행성의 군인
아우레 행성의 지구 탐사대장

매우 이성적…
(감정이란 게 있긴 있나?)

까칠하지만 가끔 도움이 되는 조언을 해 줌

누구보다 뛰어난 신체 능력
(지구에서 단연 일등!)

원할 때 높일 수 있는 청각 능력

오로라 씨, 반드시 화가가 되세요!

사실 뛰어난 예술 감각의 소유자?

지구인들과의 접촉을 극도로 꺼림

지구인 오로라

전 미용실 직원
현 동물병원 수의사 보조

라후드

 첫 대사 요즘은 쓸 만한 게 없군.

- 외계 문명에 대한 호기심 가득
- 스마트폰에 중독된 적 있음
- 복슬복슬한 털
- 지구 음식 좋아~! (탕탕면 최고)
- 남들보다 푸근한 몸집
- 지구의 배달 음식도 탐구 중!
- 가만히 앉아 있는 거 좋음
- 빨리 걷는 건 힘듦

 **외계인 라후드**

아우레 행성의 외계문명탐구클럽 회장

아짜

 **첫 대사** 저 괴상한 원반에는 다양한 소리가 들어 있다.

가장 이성적인 판단을 할 수 있는 아우린

안 좋은 시력

표정이 잘 드러나지 않는 무뚝뚝함

남들의 혼잣말도 다 들을 수 있는 우수한 청력

작은 덩치

지구에서 어린이로 사는 게 너무 힘든 외계인

 **외계인 아짜** 아우레 행성의 천재 과학자

나이 불문,
누구에게나 반말이 먼저인
초등학생

과학, 수학, 기억력 천재
(정 박사와 심도 깊은
과학 이야기를 나눌 수 있음!)

까칠하고 예민함

모두의 관심을 받는
뛰어난 외모!
(그래서 곤란한 지구 생활)

아싸의 지구인 경험:
1) 초등학생 지구인들과
   귀신의 집 체험
2) 지구인 청소년들과
   무인도에 고립
3) 지구인들과 캠핑

다 싫었다.

등교 첫날부터
팬들이 생김

지구인 아싸

**개인 활동이 좋은,
인기 많은 초등학생**

바바

첫 대사
아우레 행성의 미래를 위해!

아우레 행성의 비밀 요원
(임무: 아우린들이 쓸 만한 행성이면 빨리 탈취하기!)

사춘기 지구인처럼 게임에 중독된 적이 있음

과학자답게 첨단 장비에 능숙

두 다리로 서는 것보다 앉아 있는 게 편함
(지팡이를 짚는 노인과 강아지 슈트를 고른 이유)

외계인 바바

아우레 행성의 과학자이자 비밀 요원
지구에서는 아우레와의 통신 담당

루나

 첫 대사 탐사대의 이성에 문제가 있다면, 지구인 보고서도 믿을 수 없음.

- 명확한 사리 분별력
- 말랑말랑한 젤리족 피부
- 자유자재로 늘리고 줄일 수 있는 젤리 몸
- 투명해질 수 있는 능력 보유

날 방해하는 외계인들 모두 제거.

지구에 남은 외계인들을 제거하고 싶은 마음 가득!

지구를 정복하고 싶은 마음도 가득!

아우레 행성 지도부 출신 젤리족 지구 이주 추진 비밀 본부 회장

도됴리

첫 대사
도됴리!

나는 우리은하로 떠난다!

자신의 조상, 쿠루 할머니를 쏙 빼닮은 외모

아우린들에게는 아주 중요한 젤리 안테나

아직 밝혀지지 않은 아로리인의 능력

나만큼 사랑스러운 외계인은 없을걸? 자기애 충만!

천방지축, 모든 건 내맘대로!

외계인 도됴리

할머니의 유물을 찾아 지구로 날아온 호리호리 행성의 아로리인

정 박사

 첫 대사 지구에 산다고 모두 지구인은 아니지.

모든 것을 과학적으로
생각하고 분석하는 지…구인?

지구인이라고 하기엔
지나치게 이성적

지구 만물을
알고 있는 과학자

본명은 모름! 아니면
이름이 박사인가?

라후드와
지구 음식
이야기 가능

아우레의
천재 과학자 아싸와는
이성적인 대화 가능

사람인가 외계인인가?
지구인 중 가장 비밀스러운 인물!

아우레 행성 지도부

아우레 행성 지도부에는 다양한 모습을 한, 다양한 외계인들이 소속되어 있습니다. 그들은 황폐해진 아우레 행성을 떠나 아우린들이 살 수 있는 곳을 찾으려는 계획의 출발점이 되기도 했죠. 그래서 여러 탐사대들을 지구와 파타냐 등 아우린들이 살기 적합할 것 같은 행성으로 파견을 보냈어요.

그리고 지구의 모든 생명종을 제거할 생각까지 했었죠. 어차피 지구인들은 1만 년 안에 멸종된다는 게 그 이유였고요. 수천 년을 사는 아우린들에게 1만 년은 그렇게 긴 시간이 아니거든요.

<몬스터즈 손오공을 소개합니다>

나는 세계 최강 원숭이다!

- 배려심
- 힘
- 스피드
- 예의
- 허세
- 잔머리

특 징 1
머리 위에 반짝이는 금고아 착용

특 징 2
언제 어디서든 부르면 날아오는 근두운 보유

오! 잘 지냈지?

우리는 몽스터즈

30초로 보는 몽스터즈

아울북의 새로운 손오공 등장!
고전 소설 서유기가
신나는 모험으로 다시 태어났다!

재밌다!

유익하다!

손오공 빅카드를
드립니다!

 NEW

안녕! 나야
마법천자문 손오공.
내 동생들이 나온다고 하니까 기대해 줘!
다시 읽고 싶은 무한 재미 보장!

마법천자문
손오공
추천도서

로바두톰

아우레 행성 지도부에서 지구 탐사대와 가장 밀접하게 교류를 한 외계인은 누구일까요? 아싸도 인정한 이성적인 아우린, 로바두톰입니다.

파타냐로 떠나기 직전까지 로바두톰은 아우레 행성 지구 탐사대와 통신을 하려고 노력했습니다. 그 노력의 끝은…… 좋지는 않았지만요. 파타냐로 파견을 떠난 로바두톰은 언제 지구 탐사대의 통신을 보게 될까요? 보는 날이 오긴 올까요?

지구 이주 추진 비밀 본부
(스피와 다양한 젤리족 외계인들)

젤리족의 젤리 피부에 가장 적합한 환경을 갖춘 지구! 아우레 행성의 파타냐 이주 계획이 확정되었음에도 아우레의 젤리족들은 지구로의 이주를 꿈꾸고 있습니다. 지구로 떠난 루나가 그 중심이 되어서요.

그리고 그런 루나를 열심히 따르고 지지하는 수많은 젤리족이 있죠. 그중 루나와 가장 밀접하게 통신하며 루나를 돕는 젤리족 아우린은 스피입니다. 스피는 젤리족의 사정뿐만 아니라 루나의 상황도 알고 있는 유일한 외계인이죠.

얼른 루나와 함께 지구를 정복하고 싶은 스피

웜홀 우주선 무기한 지연

루나를 돕기 위해
루나와 통신하고, 루나를 찾아
지구로 떠날 결심까지 함

루나에게 젤리족의 상황을 알리기 위해 떠난 스피는 과연 루나를 만날 수 있을까요? 보스와 스피, 둘 중 누가 먼저 지구에 있는 외계인들을 만날까요? 그때까지 지구는 무사할까요?

지구로 이주를 꿈꾸는
젤리족 외계인들

외계문명탐구클럽

외계 행성의 생물과 문화에 대한 호기심으로 똘똘 뭉친 아우레의 외계문명탐구클럽과 클럽의 회장 라후드.

외계문명탐구클럽에는 라후드와 함께 외계 문명을 탐구하는 친구들이 있습니다. 그들은 아우레 행성 지구 탐사대가 떠난 지구라는 행성에 가장 큰 관심을 보인 아우린들이었어요. 라후드가 반해 버린 탕탕면을 궁금해하고, 지구인 슈트를 만들어 입으면서 지구인들을 따라 하기도 했죠.

라후드와 함께 보이저 1호의 골든 디스크를 발견한 외계문명탐구클럽 회원들

지구에서의 생활이 길어지는 가운데, 라후드는 여전히 종종 아우레에 남아 있을 외계문명탐구클럽 회원들을 떠올리죠. 지구에서 본 풍경, 지구에서 먹어 본 음식, 지구에만 있는 생명체들 등 지구에서의 경험을 언젠가 회원들과 공유할 수 있길 바라면서요.

라후드가 다시 그들과 안전하게 재회하는 날이 올까요? 아니면 아우린 중에 라후드만큼 지구 문명에 관심이 많은 또 다른 외계인이 지구에 찾아올까요?

파타냐 행성 탐사대

아우레의 지구 탐사대가 지구인들을 관찰하는 동안, 파타냐 행성 탐사대는 250년이라는 시간 동안 웜홀에 갇혀 있었어요. 그래서 아우레 행성과 통신도 할 수 없었죠. 그 오랜 시간 동안 기억은 없지만, 파탸냐 행성 탐사대는 몸만 늙게 되었습니다.

웜홀에 갇힌
파타냐 행성 탐사대의
탐사선

그래도 250년을 기다린 끝에 드디어 아우레로 돌아오게 된 파타냐 행성 탐사대! 그들은 아우레 행성 지도부에게 좋은 소식을 알려 주었죠. 바로 파타냐 행성이 아우린들이 찾고 있던 그 행성일지도 모른다는 소식을요!

파타냐 행성은 아우린들이 살기 위해 필요한 조건들을 갖춘 행성입니다. 빛, 중력, 대기의 성분까지, 모든 게 아우린들에게 적합하죠. 하지만 사용할 수 있는 물은 부족하고, 생명이 살고 있지 않아 아우린이 활용할 수 있는 과학 문명도 발달되어 있지 않은 행성이에요. 파타냐 행성과 지구, 둘 다 아우린들에게는 장점과 단점이 있는 행성입니다.

과연 아우레 행성 지도부의 최종 결정은 어떻게 될까요? 루나를 중심으로 한 젤리족들은 그 결정을 받아들일 수 있을까요?

아우레와 지구, 파타냐에는 과연 무슨 일이 기다리고 있을까요?

특별판 특대호

정재은 작가님 인터뷰

작가님, 안녕하세요. 작가님께 궁금한 게 많아 이렇게 찾아왔습니다.

 안녕하세요. 잘 찾아왔어요. 무엇이 궁금한가요?

우선, 아우레는 과학이 뛰어나게 발달했지만 황폐하잖아요. 작가님은 미래에 지구가 아우레와 같은 모습이 될 거라고 생각하시나요?

 아우레 행성도 수천, 수만 년 전에는 지구처럼 물이 많고, 식물이 무성하고 다양한 동물이 사는 풍요로운 행성이었어요. 인공 항성 '헬리오'의 추락으로 황폐해지기 시작했고, 현재는 운석의 잦은 충돌로 아우린들이 살기 힘든 환경이 되고 말았지요. (※궁금한 사람들은 『정재승의 인류 탐험 보고서』 1권 참고!)

지구는 아우레처럼 소행성 소나기를 맞을 확률은 낮아요. 무척 다행이지요? 하지만 우리가 지구를 너무 오염시키는 바람에 점점 황폐해지고 있어요. 이렇게 환경을 마구 파괴했다가는 먼 훗날 아우레 행성처럼 될지도 몰라요. 아우린들은 뛰어난 과학 기술을 이용하여 행성인들 전체를 이동시킬 수 있지만, 우리에게는 아직 그런 기술이 없잖아요. 그래서 우리가 지구를 좀 더 아꼈으면 좋겠어요.

지금 당장 우주여행을 할 수 있다면 작가님은 어떤 행성, 또는 은하계로 여행하고 싶으세요?

저는 당연히 아우레 행성으로 갈 거예요! 오로라와 라후드의 행성을 직접 보고, 경험하고 싶어요. 약한 지구인의 피부로 웜홀 비행이 불가능하면, 프샤샤프에게 부탁하여 강력한 주름 피부를 선물받아서라도 아우레 행성으로 가고 싶어요.
아우레 행성에서 1년 살기, 샤포이 행성에서 한 달 살기…….
어때요? 상상만으로도 즐거워지는걸요.

작가님의 눈앞에 갑자기 외계인이 나타난다면 작가님의 첫 번째 반응은 무엇일까요?

앗! 놀라서 소리 한 번 지르고요.
야~! 기뻐서 소리 또 한 번 지르고요.
그다음엔 맛있는 거 먹고 같이 놀아야지요. 기념사진은 필수!

그 외계인이 프샤샤프처럼 작가님의 소원을 한 가지
들어주겠다고 그러면 작가님은 어떤 소원을 말하실 건가요?

소원이 너무 많아서 무엇을 부탁할까, 고민하다 프샤샤프를 놓칠지도 몰라요. 저는 한 가지를 선택하는 게 너무 어렵거든요.

안 되겠어요. 지금 당장 외계인에게 받고 싶은 선물 목록을 적어 두어야겠어요. 외계인을 만나면 선물 목록 가운데 하나를 뽑기로 정할 거예요.

앞에 나타난 외계인에게 선물하고 싶은 지구만의 물건이
있을까요? 있다면 그 이유는 무엇인가요?

외계인에게 『정재승의 인간 탐구 보고서』 시리즈 열다섯 권을 몽땅 선물하겠어요. 제가 가진 물건 중에서 가장 소중한 것이기도 하고, 외계인들이 우리 지구인을 이해하려면 꼭 읽어야 할 책이기도 하고, 무엇보다도 재미있으니까요. 외계인들도 재미있는 이야기를 좋아하지 않을까요?

아우리 같은
외계인이라면 분명히
좋아할 선물이죠!

『인간 탐구 보고서』를 쓰기 전과 후, 외계인에 대한 작가님의 생각에 변화가 있었는지 궁금해요.

초등학교 때 귀에서 왱왱 이명이 울리면 외계인들이 신호를 보낸다고 생각했어요. 무슨 신호인지 해석을 해 보려고 했는데 도통 모르겠더라고요.

©Wikimedia Commons

어른이 되고 나서 외계인 생각을 까맣게 잊을 무렵, <X 파일>이라는, 지구인이 외계인에게 납치되는 미국 드라마를 보게 되었어요. 어찌나 무서웠던지, 그 드라마를 본 이후에는 외계인들이 무서워졌죠.

『인간 탐구 보고서』를 쓰기 시작하면서 다시 외계인의 신호를 기다리고 있어요. <X 파일>에 나온 것처럼 무서운 외계인도 있지만 라후드처럼 귀여운 외계인, 바바처럼 은근히 지구인의 매력에 빠진 외계인, 앞에서는 무뚝뚝하지만, 뒤에서는 지구인을 도와주는 오로라 같은 외계인도 많을 거라는 생각이 들었거든요.

나에 대한 이야기는 너무 자세히 하지 마세요!

앞으로 아우린들과 아우레 행성은 어떻게 될까요?
지구인들이 아우린의 정체를 알게 되는 날이 올까요? 그렇다면
아우린들과 지구인들, 둘은 서로 친구로 남을 수 있을까요?

아우린들과 아우레 행성이 어떻게 될지 저도 참 궁금해요. 지구에 남아 있는 오로라와 라후드에게, 아우레 행성으로 떠난 바바와 아싸에게, 지구에 숨어 있는 루나에게 물어보고 알려 줄게요.

끝으로, 아우레 행성 지구 탐사대에 관한 작가님의 생각을 조금 더 이야기해 주실 수 있나요?

자… 잠깐…!

아우린들은 높은 이성으로 뛰어난 과학 문명을 이룬 존재들이에요. 감성보다 이성으로 판단하고 선택하고요. 아주 명확하고 확실하고 냉정하지요.

하지만 이성이 낮은 데다가 감정적인 지구인인 저는 높은 이성을 가진 존재들이 어떻게 말하고, 행동하고, 생각하는지 상상하기가 어려웠어요. 특히 가장 높은 이성을 가진 천재 과학자 아싸가 가장 어려웠죠. 아우린 중에서 비교적 이성도 낮고 감정적인 라후드는 조금 쉬웠고요. 그래서일까요? 아우린들 중에서 지구인과 가장 닮은 라후드에게 정이 많이 간답니다.

정재은 작가님이 풀어 주는
지구 탐사대의 이야기

2025살인 오로라는 100살 때부터 지금까지 쭉 아우레 행성의 군인이었습니다. 수명이 긴 만큼 다양한 직업을 갖는 아우린들의 특성상 오로라의 이런 결정은 특별한 것이죠. 보통 아우린들은 살면서 이런저런 일들을 해 보거든요.

물론 오로라도 중간에 아우레군의 비밀 요원, 다른 은하 파견군, 외계 탐험 우주선 수비대 등의 일을 거쳤지만, 따지고 보면 이 일들 역시 다 군인의 임무였어요.

오로라가 직업을 바꾸지 않고 계속할 수 있었던 까닭은 오로라의 뛰어난 신체 능력과 꼼꼼한 성격 덕분이었어요. 군인으로서 오로라의 임무 수행 능력은 항상 AAA급이었으니까요.

보통 100살이면 끝나는 "왜요?"라는 질문을 1835살인 지금도 하는, 호기심 많은 아우린. 라후드는 이런 끝없는 호기심 덕에 외계 문명 탐험가가 되었어요.

외계 문명 탐험가는 몸을 많이 움직이는 직업이죠. 움직이는 것을 그다지 좋아하지 않는 라후드가 이 일을 잘할 수 있는 이유는, 귀찮음을 이기는 호기심 때문이에요.

외계 문명 탐험가들은 위험 지역인 '행성 인공 보호막 제외 지역'까지 찾아다니며 외계 문명의 흔적을 쫓습니다. 많이 돌아다니는 만큼 다칠 위험도 높아 실제 외계 문명 탐험대의 병원 이용률은 보통 아우린의 평균보다 20.02%가 높다는 통계도 있어요. 그래도 걱정 마세요. 의학이 발달한 아우레, 사망률은 매우 낮답니다.

오로라

라후드

아싸

바바

아우레 7835년, 지금의 아우레를 만든 의과학 혁명이 일어났습니다. 이 혁명의 중심에 선 과학자들은 바로 천재로 불리는 아루어루족이었어요. 유전자 돌연변이로 수학과 과학 분야에서 뛰어난 능력을 보유하게 된 종족이죠.

하지만 아루어루족의 능력은 세대가 지날수록 서서히 없어졌어요. 그래서 아우린들 사이에서는 '천재' 아루어루족에서 '그냥' 아루어루족이 되어 버린 지도 오래였죠. 아싸가 태어나기 전까지는 말이에요. 천재 과학자 아싸가 나타난 덕분에 아루어루족은 다시 '천재'라는 별명을 얻게 되었어요. 아우레 행성 역사상 아싸는 가장 뛰어난 수학·과학적 지식을 지닌 존재거든요.

감정 검사에서는 0점에 가까운 점수를 받지만, 이성이 무엇보다 중요시되는 아우레에서 아싸의 감정 검사 점수는 큰 의미가 없어요.

나이도, 사는 곳도, 출신지도 알려지지 않은, 아우레 행성 지구 탐사대에서 가장 비밀스러운 인물, 바바. 예리한 오로라 역시 바바가 아우레 행성 지도부 소속의 기술자라는 사실만 알았죠.

하지만 비밀을 하나 말해 주자면, 바바는 비밀 요원 경력만 4700년으로, 거의 평생을 비밀 요원으로 보냈어요. 처음에 바바만 지구인 슈트를 여러 개 준비했다는 데에서 오랜 시간 쌓아 온 바바의 경험이 드러나는 것 같지 않나요?

바바는 주로 다른 행성에 파견되어 그 행성 외계인들의 슈트를 입고 정보를 캐내는 게 임무였어요. 아우레 행성 지도부의 오치치-두치치루바와 긴밀한 관계를 맺고 있기에 오치치-두치치루바가 지구로 떠나는 바바에게 비밀 임무를 맡긴 것이죠.

특별판 특대호

김현민 작가님의 외계인 캐릭터 탄생 이야기

「인간 탐구 보고서」 탄생 비하인드

『인간 탐구 보고서』 속 캐릭터는 어떻게 탄생했을까?

외계인들도 지구인들도 한 번에 뚝딱 생겨나지 않았어요. 다양한 생각들과 디자인이 합쳐져 탄생한 캐릭터들이지요.

지구인 슈트를 여러 번 갈아입은 뒤에야 지금의 모습을 찾은 외계인들처럼, 지금 우리가 알고 있는 캐릭터들 또한 지금의 외모를 갖기 전 다양한 옷을 입어 봤답니다.

라후드가 라후드의 모습을 갖기 전, 오로라가 우리가 아는 오로라가 되기 전, 그들은 과연 어떤 모습으로 시작했을까요?

처음과 가장 다른 외모를 갖게 된 캐릭터는 누구일까요?

첫 아이디어로 완성된 수많은 외계인들!

이 중, 인간을 탐구하러
지구로 떠날 외계인은 누구일까요?

여러분은 라후드, 오로라, 아싸, 바바와
비슷한 외계인을 찾을 수 있나요?

라후드

외계인들 중 가장 많은 과거가 있는 캐릭터는 라후드일 거예요. 지금의 푸근하고 친근한 라후드가 되기까지, 라후드 캐릭터를 만드는 데 많은 생각이 들어갔습니다. 복슬복슬한 털은 그대로지만, 어딘가 다른 외계인의 모습인 라후드가 보이지 않나요? 그리고 지구인일 때 라후드도 지금과는 많이 다른 모습이죠. 머리가 살짝 벗겨진 라후드도 있고, 지금보다 덜 푸짐한 라후드도 있었거든요.

처음에 라후드를 특정하는 가장 큰 특징은 하와이안 셔츠였습니다. 지금은 특별한 날에만 꺼내 입는 라후드의 특별 의상이 되었지만, 원래 라후드는 하와이안 셔츠를 주로 입는 설정이었어요.

지구에 오기 전에도, 지구에 와서도 많은 모습을 보여 준 라후드지만, 역시 지금 라후드의 모습이 가장 어울리죠?

『인간 탐구 보고서』 1권의 주제가 지구인들의 외모 지상주의인 만큼, 외모가 돋보이는 캐릭터에게 신경을 많이 쓸 수밖에 없었습니다. 이야기에서 중요한 역할을 차지해야 할 테니까요.

그리고 그 캐릭터는 바로 『인간 탐구 보고서』의 미남 캐릭터, 아싸였어요. 외계인들은 몰랐겠죠……. 아싸가 지구인들의 주목을 이렇게 많이 받게 될 줄은…….

이 모습, 너무 익숙하지요?

우리에게 잘생긴 아싸가 처음 소개되었던 그 순간!

그 장면은 이미 오래전부터 계획되어 왔습니다~.

지구인 중 가장 먼저 탄생한 캐릭터는 아싸의 이웃집 친구, 써니였어요. 써니는 아싸와 친구이자, 서로 투닥거릴 수 있는 성격의 캐릭터가 있으면 좋겠다는 아이디어에서 만들어졌죠. 머리를 길게도 해 보고, 짧게도 해 보고, 곱슬거리게 파마해 보기도 하고, 써니가 주로 입게 될 바지가 아닌 치마를 입혀 보기도 했지만, 역시 활동적이고 개구쟁이인 써니는 짧은 단발에 귀여운 바지를 입은 모습이 가장 잘 어울리는 것 같아요.

여러분은 어떻게 생각하나요?

머리 긴 게 조금 더 어른스러워 보이나…?

오로라는 처음부터 겉모습이 거의 확정된 캐릭터였어요. 오로라의 성격과 역할이 명확한 만큼, 캐릭터 또한 쓱쓱 만들어졌죠.

처음의 오로라와 완성된 오로라, 둘의 차이점을 찾을 수 있나요?

지구인의 감각으로는 차이를 포착하기 어렵다.

바바의 특징은 두 발로 걷기가 불편한 것이었습니다. 그래서 외계인일 때도 지구인일 때도 몸을 지탱할 수 있는 다리가 여러 개 필요했어요. 지팡이를 짚고 다니는 할아버지와 네발로 걸을 수 있는 강아지 슈트가 탄생한 이유랍니다.

결국 수많은 외계인과 지구인의 모습, 강아지의 모습을 거쳐서 지금의 바바가 완성되었어요.

이미 눈치챘겠지만, 정 박사는 누가 봐도 '앗! 정재승 교수님이다!'라고 생각할 만한 캐릭터여야 했습니다. 지금보다 조금 더 통통한 정 박사도 있었고, 조금 더 날씬한 정 박사, 조금 더 얼굴이 각져 있거나 머리 스타일이 다른 정 박사도 있었답니다.

정 박사는 진짜 지구인일지 아니면 외계인일지, 그 누구보다 비밀에 휩싸인 캐릭터이기도 하죠. 분명 외모는 지구인이지만, 외계인들만큼이나 뛰어난 이성과 판단력을 지니고 있으니까요. 아우레의 천재 과학자 아싸와 유일하게 말이 통하는 지구인(?)이기도 하고요. 처음에 정 박사는 아싸와 과학 지식 대결을 해서 아싸를 곤란하게 만들기도 하고, 미용실 위니 원장의 아주 작은 오차까지 잡아내는, 정말 외계인 같은 특성들이 드러나는 캐릭터이기도 했어요.

지금은 아이들에게 고양이에 관해 설명해 주고, 시장과 편의점에 자주 출몰하는, 독특하지만 호기심이 많으며 다정하고 친근한 캐릭터가 되었죠.

더 많은 외계인들?

앞에서 봤듯, 아우레 행성 지구 탐사대가 완성되기 전까지 수많은 외계인 캐릭터들이 만들어지고, 또 없어지기도 했어요. 그중에 지구 탐사대에 들어가지는 못했지만 다른 외계인들로 등장한 캐릭터들도 있죠. 몸을 자유자재로 늘리고 줄일 수 있는, 루나 같은 젤리족 외계인이라든지, 보스에게 우주 최강 피부를 선물한 샤포이 행성의 프샤샤프처럼요.

이 외계인들, 어딘가 낯이 익지 않나요?

특별판 특대호

정재승 교수님 인터뷰

『인간 탐구 보고서』 15권 출간을 맞아 정재승 교수님을 인터뷰하게 되었습니다. 어린이 독자들에게 인사해 주세요.

그러니까 10년도 훨씬 전, 혼자만의 상상에서 아우레 행성을 꿈꾸고, 지구에 출몰한 외계인들 때문에 사람들이 놀라 자빠지는 상상을 하며 킥킥 웃어 대던 기억이 엊그제 같은데, 벌써 『인간 탐구 보고서』가 출간된 지 5년이 지나 15권까지 나왔네요. 믿어지지 않을 정도로 감격스럽습니다. 처음에 엄마가 '보고서'라는 단어가 들어간 책을 사 주었을 때 어린이 독자들이 얼마나 당혹스러웠을지 짐작이 됩니다. 재미없을 줄 알았죠? 그럼에도, 책을 펼치고 재미있게 읽어 준, 그래서 이제는 책이 나올 때마다 10번, 20번씩 읽어 주는 어린이 독자들에게 무지무지 감사드립니다. 모두 여러분 덕분에 15권까지 출간할 수 있었습니다.

『인간 탐구 보고서』 덕분에 서로를 더 잘 이해하게 되었어요!

『인간 탐구 보고서』에는 많은 외계인이 등장하는데, 교수님과 가장 비슷하다고 생각하는 외계인 캐릭터는 누구인가요?

아무래도 저랑 몸무게가 비슷한 라후드가 아닐까 싶네요. 늘 당하는 것 같으면서도 마음은 따뜻하고, 어리숙하면서도 인간에 대한 애정으로 가득한 라후드를 보면 왠지 친근하게 느껴지더라고요. 라후드는 하나의 눈으로 세상을 보지만, 인간의 마음까지 꿰뚫어 보는 큰 눈을 가졌답니다. 저도 왼쪽 눈이 아주 큽니다.

외계인들이 더 파헤쳤으면 하는 지구인의 특성은 무엇인가요?

지구인들의 놀라운 능력 중 하나는 '공감'이에요. 상대방의 입장이 되어 그들의 감정을 함께 느끼는 능력 말이에요. 친구가 슬퍼하면 나도 덩달아 슬퍼지고, 친구가 좋은 일로 기뻐하면 나도 같이 기뻐지는 건 우리 인간만의 놀라운 특징이지요. 아우린들이 언젠가 인간의 공감 능력을 충분히 이해할 수 있게 되길 바랍니다. 우리 인간이 '따뜻한 사회'를 만들 수 있게 된 것도 바로 그 때문이죠.

외계인들이 가장 이해하기 힘들 것 같은 지구인의 특징은 무엇일까요?

우리는 수업 시간에 배운 걸 왜 자꾸 까먹는 걸까요? 열심히 공부했던 것도 왜 시험 때가 되면 생각이 안 나는 걸까요? '망각', '건망증' 같은 걸 아우린들은 절대 이해하지 못할 거예요. 애써 공부하고 배운 걸 잘 기억해야 시험을 잘 볼 텐데, 우리는 학교에서 배운 걸 자꾸 까먹잖아요. 기억력 좋아지는 비법을 아우린들이 알려 주었으면 좋겠어요.

교수님의 어린 시절, 가장 궁금했던 '우리 마음'의 특성 중 한 가지는 무엇인가요?

초등학교 5학년 때 담임 선생님이 무척 무서운 분이셨어요. 선생님이 화를 내실 때면 교실 전체가 울릴 정도로 소리를 고래고래 지르셨죠. 우리 선생님은 왜 저렇게 화를 자주 내실까? 선생님이 화를 내실 때마다 코가 길어지면 좋겠다. 사탕이나 초콜릿을 드리면 화가 좀 풀리실까? 그런 생각들을 했고, 그때마다 저는 선생님의 '분노'를 누그러뜨리는 방법을 알고 싶었어요. 아직도 잘 몰라요.

반대로 지구에서 외계인들을 만나면 하고 싶으신 질문은요?

언젠가 정 박사처럼 외계 생명체를 만나게 된다면, 꼭 물어보고 싶어요. 기후 재난은 어떻게 막았는지, 그 많은 쓰레기는 어떻게 처리했는지, 세상의 모든 아빠들이 맨날 소파에서 자는 걸 어떻게 막을 수 있었는지, 엄마들의 잔소리를 도대체 어떻게 멈출 수 있게 했는지 말이죠. 오빠로부터 내 라면을 어떻게 뺏기지 않을 수 있는지, 동생으로부터 내 장난감을 어떻게 보호할 수 있는지도 꼭 물어보고 싶어요. 이 모든 대답을 듣고 나면, 종교와 인종, 국가와 민족이 다른 사람들끼리 맨날 전쟁을 하려 할 때 어떻게 화해시킬 수 있는지도, 덤으로 물어볼 거예요.

편의점에 자주 출몰하는 정 박사, 정재승 교수님의 편의점 최애 음식은 무엇인가요?

 편의점 최애 음식은 '육★장 사발면'과 '의★ 마늘 소시지' 그리고 '바나나★우유'입니다. 일을 마치고 집으로 돌아오는 길에 골목길 편의점에 들러, 육★장 사발면에 뜨거운 물을 붓고, 전자레인지에 30초 돌린 의★ 마늘 소시지와 함께 바나나★우유에 빨대를 꽂아 마시면서 사발면이 익기를 기다릴 때, 저는 제일 행복해요. 여러분도 한번 시도해 보세요. 정 박사처럼 두툼하고 매력적인 '등판'을 갖게 되실 거예요.

나도 반드시 시도해 봐야겠다.

우아, 저는 음식 이야기를 들으면 도파민이 분비되는 것 같아요. 교수님은요?

 손흥민 선수가 골을 넣을 때 도파민이 엄청나게 분비돼요. 한화 이글스가 점수를 낼 때, 롯데 자이언츠가 역전할 때 도파민이 터질 것 같아요. 우리나라 대표 선수들이 올림픽에 나가서 열심히 뛰는 모습을 볼 때 도파민이 마구 분출돼요. 저는 누군가가 열심히 뛰고 땀 흘리며 운동하는 모습을 '볼 때' 도파민이 폭발합니다. 저는 가만히 앉아 있으면서요. 우리 팀, 이겨라, 우리나라 파이팅!

앞서 말한 것 외에 정 박사와 교수님의 공통점이 또 있을까요?

 정 박사는 저처럼 아주 매력적인 '등판'을 가졌어요. 항상 뒷모습이 장난스러우면서도 매력적이죠. 제 뒤태에 반한 어린이 독자분들 많으실 겁니다. 다음에 만나면 듬직한 제 '등'으로 업어 드릴게요.

지금까지 『인간 탐구 보고서』를 사랑해 준 독자들에게 하고 싶으신 말이 있으신가요?

 책은 '지도'와 같아요. 세상이 어떻게 생겼는지 친절하게 알려 주죠. 『인간 탐구 보고서』는 '인간에 대한 뇌 지도'예요. 나는 왜 이렇게 생각하고, 친구들은 왜 저렇게 행동하는지 이해할 수 있게 보여 주죠. 『인간 탐구 보고서』는 아우린들이 뇌 지도를 가지고 인간을 이해해 가는 흥미로운 탐험기라고나 할까요?

이 책을 읽은 어린이 독자 여러분, 이제 이 지도를 가지고 아우린들처럼 인간들을 탐험해 주세요. 슬퍼하는 친구가 있으면 다독여 주고 친구들이 싸우면 뇌과학적으로 잘 알려 주세요. 『인간 탐구 보고서』만 있으면 스마트폰 중독도 너끈히 이겨낼 수 있다고요! 저는 여러분들이 제 책을 지도 삼아 세상 사람들을 이해하고 보듬어 주는 '인간 탐험가'가 되어 주었으면 좋겠어요. 그러면 언젠가 라후드도 한 수 배우기 위해 당신을 찾아올 거예요.

특별판 특대호
모의고사

지금까지 열심히 읽은 자, 이 시험을 통과하리라!

정답이 뭔지 헷갈리면 중간중간 숨어 있는 힌트들에 주목!

아우레 지구 탐사 수행 능력 시험 모의평가 문제지

인간 탐구 영역

| 성명 | | 수험 번호 | |

○ 자신이 선택한 과목의 문제지인지 확인하세요.

○ 문제지 해당란에 성명과 수험 번호를 정확히 쓰세요.

○ 문제지의 필적 확인란에 다음의 문구를 정자로 기재하세요.

> 저 행성을 탐사할 권리는 나한테 있는 거지?

○ 문항에 따라 배점이 다릅니다. 각 문항에 해당 점수가 표시되어 있습니다.

| 필적 확인란 | 저 행성을 탐사할 권리는 나한테 있는 거지? |

아우레 행성 과학 연구소

1. 지구 문명 탐사대의 라후드가 처음 발견한 지구 물체는 무엇일까요? (1점)

① 탕탕면 컵라면
② 치킨 뼈다귀
③ 유니의 빨간 샤프
④ 골든 레코드
⑤ 보스의 부적

2. 아우레 행성 지구 탐사대는 지구인들의 호감을 사기 위해 '이것'을 이용합니다. 여기서 '이것'은 무엇일까요? (1점)

① 지구인 슈트를 입은 자신들의 외모
② 외계인이 주인공인 루이의 웹툰
③ 강아지로 변장한 바바의 귀여움
④ 정 박사의 정확한 눈썰미
⑤ 유니의 첫사랑 찬이 오빠의 냄새가 담긴 병

3. 호리호리 행성의 도됴리가 쿠르르섬에 찾아온 이유는
   무엇일까요? (1점)

① 지구에서 샤포이인의 최강 피부를 얻을 수 있다는 소문을 들어서
② 쿠르르섬에서 열리는 예술 축제에 참여하기 위해
③ 쿠루 할머니의 메모리 링을 찾기 위해
④ 아우린들이 지구에서 보낸 통신을 받아서
⑤ 호리호리 행성도 이주할 다른 행성을 찾고 있어서

(※ 9권 '인간의 선택은 엉망진창이다' 참고)

4. 지구인은 손해가 날 것 같은 상황이 오면 '이 부위'가 전달하는
   공포감으로 인해 그것을 피하기 위한 전략을 세웁니다. 주로
   지구인의 감정을 조절하거나 공포에 관한 학습과 기억을 하는
   뇌의 '이 부위'는 어디일까요? (2점)

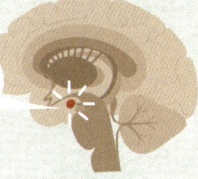

① 편도체　② 해마
③ 시상하부　④ 측좌핵
⑤ 상측두이랑

이런 지구인의 행동을 '손실 회피 편향'이라고 한다!

(※ 4권 '사춘기 땐 우리 모두 외계인' 참고)

5. 지구인은 다양한 것에 중독됩니다. 지구인의 뇌에서는 즐거운 일을 할 때 '이 물질'이 분비되는데, 이 느낌을 계속 느끼기 위해 더 큰 자극을 원하게 되어 중독이 일어나는 것이죠. 흥분과 즐거움, 쾌락을 느낄 때 분비되는 이 물질은 무엇일까요? (2점)

① 세로토닌
② 코르티솔
③ 도파민
④ 바소프레신
⑤ 옥시토신

(※ 14권 '인간, 돈의 유혹에 풍당 빠지다' 참고)

6. 쇼핑을 할 때 지구인들의 뇌에서는 다양한 활동이 이루어집니다. 그중 한 부위인 뇌섬엽의 기능으로 올바른 것은 무엇일까요? (2점)

① 소비의 쾌락을 증폭시켜 계속해서 소비를 하고 싶게 만든다.
② 원하는 물건을 사지 않았을 때 후회의 감정을 느끼게 한다.
③ 신용 카드를 사용할 때, 가격에 대해 크게 신경 쓰지 않게 된다.
④ 반복적으로 노출되는 광고에 충동구매를 하게 된다.
⑤ 물건의 가격을 보고 고통을 느끼며 살지 말지 갈등하게 된다.

(※ 11권 '인간을 울고 웃게 만드는 스트레스' 참고)

7. 지구인들의 스트레스 해소 방법은 다양합니다. 지구인들이 스트레스를 해소할 때 일어나는 변화로 올바르지 <u>않은</u> 것은 무엇일까요? (2점)

① '나'와 관련된 것을 좋아하는 지구인들, 거울을 보며 마음의 안정을 찾는다.
② 기억을 담당하는 '해마'에서 스트레스를 주는 자극을 기억하고 뇌를 적응시킨다.
③ 스트레스를 주는 상황에 대한 생각을 긍정적으로 바꾼다.
④ 뇌가 휴식을 취하게끔 해 주면서, '디폴트 모드 네트워크'라는 신경망이 활성화된다.
⑤ '옥시토신'이 분비되어 불안을 낮추기 위해 기댈 만한 사람을 찾아 나서게 된다.

8. 평소에 '왜 이럴까?' 싶었던 지구인의 특징을 자유롭게 기록해
   보세요. (3점)

9. 아우레 행성 지구 탐사대가 보고한 지구인들의 특징 중 가장
   인상 깊었던 특징을 써 보세요. (3점)

10. 지금까지 『인간 탐구 보고서』를 읽으면서 느낀 점을 자유롭게 작성해 보세요. (3점)

....

....

....

....

....

○ 확인 사항

답안지의 해당란에 필요한 내용을 정확히 기입(표기)했는지 확인하세요.

인간 탐구 영역 정답 및 해설

1. ④
1권 '인간은 외모에 집착한다' 16쪽 참고!

보이저 1호에서 떨어진 골든 레코드! 골든 레코드를 계기로 아우레 행성 지구 탐사대가 결성되었죠.

2. ②
9권 '인간의 선택은 엉망진창이다' 25쪽 참고!
아우린들이 '외계인에 대한 좋은 이야기 퍼트리기' 임무를 수행하던 중 루이의 웹툰을 보게 되죠. 상상력으로 이야기를 만들어 내기가 너무 어려웠던 외계인들은 루이의 웹툰을 활용하기로 했어요.

3. ③
12권 27쪽 참고!
예로부터 아로리인들은 탐험 기록을 남길 '메모리 링' 하나만 들고 다른 행성으로

메모리 링을 갖고 떠나는 쿠루 할머니!

탐험을 떠나곤 했어요. 그중 태양계로 떠난 쿠루 할머니는 호리호리 행성으로 영영 돌아오지 못했고, 도됴리는 할머니가 남겼을 메모리 링을 회수하러 지구에 왔죠.

도됴리는 메모리 링을 찾기 위해 화성에도 갔었어요.

4. ①
위험 상황에서 활성화되는 '편도체'는 스트레스를 잔뜩 받을 때 전두엽과 연결이 강해진다는 특징이 있어요. 편도체가 주도권을 쥔 뇌는 싸우거나 도망칠 준비를 하는 데 집중하게 되고요.

5. ③
추가 지식 하나! '쾌락 호르몬'이라고도 불리는 '도파민'은 성인보다 사춘기 때 더 많이 분비된답니다. 사춘기 때 지구인들이 자극에 더 민감하게 반응하는 이유죠.

6. ⑤
가격을 보고 뇌섬엽에서 갈등을 하더라도 지출이 눈에 바로 보이지 않는 신용 카드를 쓰면 보상이나 쾌락과 관련된 '선조체'가 활성화된다는 점도 기억해 두면 좋겠죠?

7. ①
'나'를 사랑하는 지구인들이지만, 거울을 본다고 스트레스가 사라지진 않아요. 오히려 거울을 보면 자기 자신의 모습을 보고 더 나은 행동을 하기 위해 노력하려고 합니다. 거울과 지구인에 대한 더 많은 이야기가 궁금하다면 4권 '사춘기 땐 모두가 외계인' 속 보고서 21을 펼쳐 보세요.

다양한 SNS 채널에서
아울북과 을파소의 더 많은 이야기를 만나세요.

인스타그램 @owlbook21   페이스북 @owlbook21   네이버카페 owlbook21   네이버포스트 아울북 and 을파소

정재승의 인간 탐구 보고서
15 소용돌이치는 사춘기의 뇌

기획 정재승 | 글 정재은 | 그림 김현민 | 심리학 자문 이고은 | 정보글 백빛나 | 특대호 원고 오경은
사진 gettyimagesbank, Wikimedia Commons | 배경설계자 김지선
펴낸이 김영곤 펴낸곳 ㈜북이십일 아울북

1판 1쇄 발행 2024년 8월 28일
1판 6쇄 발행 2025년 11월 20일

기획개발 문영 오경은 프로젝트4팀 김미희 이해인 디자인 김단아
영업팀 정지은 한충희 남정한 장철용 강경남 황성진 김도연 이민재
제작 이영민 권경민

출판등록 2000년 5월 6일 제406-2003-061호
주소 (10881) 경기도 파주시 회동길 201(문발동)
대표전화 031-955-2100 팩스 031-955-2177 홈페이지 www.book21.com

ⓒ 정재승·김현민·정재은, 2024
이 책을 무단 복사·복제·전재하는 것은 저작권법에 저촉됩니다.

ISBN 978-89-509-6930-1 74400
ISBN 978-89-509-7373-5 74400 (세트)

책값은 뒤표지에 있습니다.
잘못 만들어진 책은 구입하신 서점에서 교환해 드립니다.

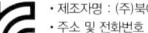

- 제조자명 : ㈜북이십일
- 주소 및 전화번호 : 경기도 파주시 문발동 회동길 201(문발동) / 031-955-2100
- 제조연월 : 2025.11.20
- 제조국명 : 대한민국
- 사용연령 : 3세 이상 어린이 제품

너와 나, 우리들의 마음을 이해하게 도와줄
첫 번째 뇌과학 이야기
정재승의 인간 탐구 보고서 (1~18권)

❶ 인간은 외모에 집착한다
❷ 인간의 기억력은 형편없다
❸ 인간의 감정은 롤러코스터다
❹ 사춘기 땐 우리 모두 외계인
❺ 인간의 감각은 화려한 착각이다
❻ 성은 우리를 다르게 만든다
❼ 인간은 타고난 거짓말쟁이다
❽ 불안이 온갖 미신을 만든다
❾ 인간의 선택은 엉망진창이다
❿ 공감은 마음을 연결하는 통로
⓫ 인간을 울고 웃게 만드는 스트레스
⓬ 인간은 누구나 더없이 예술적이다
⓭ 인간은 모두 호기심 대마왕
⓮ 인간, 돈의 유혹에 퐁당 빠지다
⓯ 소용돌이치는 사춘기의 뇌
⓰ 사랑은 마음을 휘젓는 요술 지팡이
⓱ 음식, 인간의 마음을 요리하다
⓲ 이야기 공장 뇌, 오늘도 풀가동 중!

인류의 과거와 현재를 이어 줄
아우린들의 시간 여행!
정재승의 인류 탐험 보고서 (1~10권)

완간

❶ 위대한 모험의 시작
❷ 루시를 만나다
❸ 달려라, 호모 에렉투스!
❹ 화산섬의 호모 에렉투스
❺ 용감한 전사 네안데르탈인
❻ 지구 최고의 라이벌
❼ 수군수군 호모 사피엔스
❽ 대륙의 탐험가 호모 사피엔스
❾ 농사로 세상을 바꾼 호미닌
❿ 안녕, 아우레 탐사대!

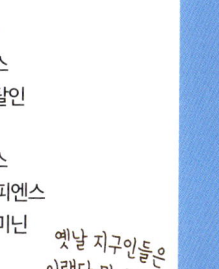